國家地理終極旅遊

全球80個最夢幻的度假小島

雅絲敏娜·特里夫尼（Jasmina Trifoni）　著

楊布舒、許晉福　譯

大石文化 Boulder Media
an IDG company

目錄

13
14-19

31

32
36-37
33
34-35
42-43
38 39
41

24

25 27

26 28
40

29 30

67

68
70
72
71
73

69

前　言

「沒有人是一座孤島。」16世紀的大詩人約翰·多恩（John Donne）曾說。如果這是真的，那麼從哲學層面、而不僅是地理環境來看，島嶼是每個人心目中的終極度假之所，或是永遠生活在假期中、遠離俗世塵囂的幻想之地。我們每個人一生中至少會發一次誓：要搬去無人島居住，問題是，我們真的會這樣做嗎？

除非我們像卡爾·克勞斯（Karl Kraus）一樣，是固執的虛無主義者，認為整個世界「是一座監獄，大家都比較喜歡被單獨監禁」，否則像《魯賓遜漂流記》這類在孤島上生活的神話，或許看起來神奇有趣，但肯定言過其實。我們這些20世紀的人類，生活在複雜而科技化的社會中，早已失去單獨生活的能力。

如果我們真的置身無人島，那麼愉快地享受過大海的色彩變幻、白沙灘上的棕櫚樹蔭，以及寧靜的時光之後，就要開始吃苦頭了，我們得辛辛苦苦到處找食物，建造夜裡可以棲身的地方，甚至連生火都困難重重。只要短短幾天，除了忙著求生的時間，我們就會無聊得要命。

因此，在選出本書這80個夢幻島嶼時，我們決定在現實的考量下盡情做夢。選擇的過程很不容易，許多地方都只能忍痛捨棄，因為地球上的島嶼實在太多了，連要估計數量都很難。有的資料認定地球上共有75萬個島，也有資料估計大約在100萬到200萬之間。先是印尼就有超過1萬7000個島，菲律賓有7100個島；像星系一樣散布在太平洋上的島嶼也有2萬到3萬個左右。加勒比海的巴哈馬群島大約有500座島嶼，小而封閉的地中海上，差不多有500座希臘島嶼。

我們以五大洲內，世界大多數旅客可以自由進出的國家為選擇目標，除了氣候宜人、海景優美等大原則之外，我們的終極評選標準是「宜居度」和「可及性」。宜居度指的是在這些多半是彈丸之地的小島上，必須有固定的人類社群，就算只是簡單的漁民，或是來這裡做夢的人構成的聚落都可以，例如位於第勒尼安海（Tyrrhenian Sea）的朋札島（Ponza）、印度洋的羅德里格斯島（Rodriguez），或是加勒比海的木斯提克島（Mustique）。

在歷史與文化上令人感興趣的地方，我們也會納入，包括愛琴海上的經典遺址科斯島（Kos），或是雖然沒有遺址但同樣迷人的地方，例如海明威住過的基威斯特（Key West）。相對地，以自然韻律取勝的島嶼也在我們的選擇之列，例如法國普羅旺斯的波克羅勒島（Porquerolles），或是菲律賓群島的巴拉望（Palawan）。

還有一些島是我們的口袋名單，其中有的是旅遊勝地，如卡普里島（Capri）或巴里島（Bali），有的則沒沒無聞，甚至還以此為傲，寧願放棄發財的機會，也要替環境和傳統社群的未來著想。

最後，本書收錄的島嶼有的能滿足我們對「荒野生活」的渴望，有的則非常時髦，充滿社交機會；有的島嶼是運動愛好者的樂園，有的則適合放空與沉思。瀏覽本書的島嶼名單時，還可以玩一個類似這樣的團體遊戲：「告訴我你夢想中的島嶼是什麼樣子，我就可以說出你是什麼樣的人。」

誠如上面所說，我們遵守「可及性」這個黃金定律，因為無論搭乘飛機，還是一般海上交通，總要有一種方式能讓我們對夢想感到期待。而且最重要的是，一旦抵達目的地，我們必須領悟，夢想遲早都會結束，夢醒時分就要重新回到日常生活中。

2-3 米洛斯島（Milos）屬於希臘的基克拉哲斯（Cyclades）群島，擁有各種動人海灘，還有像薩拉金尼科海灘（Sarakiniko）那樣壯麗的峭壁。

4-5 像卡拉菲歐拉岩洞（Cala Feola）這種崎嶇地形，使朋札島成為熱門的觀光景點。

9 熱帶植物在蜿蜒的洛克群島（Rock islands）上茂盛生長，這些群島屬於帛琉共和國（Palau）位在太平洋上的密克羅尼西亞（Micronesian）群島。

10-11 普雷塔斯村（Las Playitas）位於福提文土拉島東岸，是加納利群島的典型村落，也是這一帶運動活動最多的島嶼。喜歡衝浪、玩風帆板等水上運動的人，一定要來這裡走一遭。

12-13 遊客之所以造訪美屬維京群島（Virgin Islands）聖約翰島（St. John）的象鼻灣（Trunk Bay），不只是為了它迷人的加勒比亞海灘，也因為這裡的海洋公園有標示清楚的浮潛路線。

波克羅勒島

法國・耶爾群島

日落時分來一杯茴香開胃酒，香草氣息在夏日微風中飄揚

大概花一個下午就能看完《馬埃的循環》（Le Cercle des Mahé）這本推理小說，這本書不只包含馬戈探長（Inspector Maigret）的辦案過程，也充滿感情地描繪波克羅勒島。來自比利時的作者喬治・西默農（Georges Simenon）愛上這個普羅旺斯耶爾群島（Hyères）的珍寶；這座形狀像可頌麵包、充滿法國情調的島嶼。他在島上度假時，喜歡住在 Mas du Langoustier 飯店。飯店所有人是希兒薇（Sylvie）女士，她的丈夫弗朗索・約瑟夫・富尼耶（François Joseph Fournier）也是比利時人。今日波克羅勒島依然保有純粹的天然景色，都要歸功於富尼耶，使這裡成為歐洲大陸首度落實環境保育概念地方之一。

富尼耶出生於非常貧窮的家庭，後來在墨西哥挖金礦致富，1912 年回到歐洲，在法國

政府主持的拍賣會上，以 10 億 100 法郎買下波克羅勒島。他將這座島視為生命，以崇高的慈善家精神，在「永續發展」這個名詞流行之前，就以這個原則建立農業公社，耗費時間與金錢，在島上種了上萬棵樹，使它重現往日生機。

波克羅勒島後來成為國有財產，並從 1963 年開始，與耶爾群島另外兩座島嶼、日安（Giens）半島，以及 1200 公頃的海域共同受到克羅港國家公園（Port-Cros National Park）的管轄。為了保護海岸松與散發香氣的地中海灌木，免遭森林大火的威脅，波克羅勒島戶外嚴禁抽煙，島上唯一的合法交通工具是自行車。畢竟，騎著雙輪車最適合在小徑間穿梭，探索科塔德海灘（Plage de la Courtade）、聖母海灘（Plage de Notre Dame）和銀色海灘（Plage d'Argent）等獨特的白沙或黑沙海灘，登上聳立於蔚藍海面之上的懸崖，以及歷史悠久的聖阿加特堡(Fort Sainte Agathe)，也就是地中海國立溫室植物園（Conservatoire Botanique National Méditerranéen）、一座老磨坊與村落的所在地，島嶼名稱正是出自這座村莊。到了日落時分，你可以一邊啜飲茴香酒，一邊玩法式滾球，舒解一整天的疲憊，過著西默農人過去的生活。

14 這座小島的北岸景觀，以海岸松和桃金孃灌木叢為主，是耶爾群島中的生態保育區。島嶼的另一端則以岩石地形為主。

14-15 從高處俯視波克羅勒島，可以清楚地看見它的外形，有多個水灣入口、峭壁與小島，例如西邊壁壘森嚴的小龍蝦島（Ilie Du Petit Langoustier）。

基本概況

- **國家**：法國，普羅旺斯
- **面積**：13 平方公里
- **距離本土**：4 公里，從普羅旺斯海岸的日安半島算起
- **人口**：200 人
- **首府**：波克羅勒
- **氣候**：地中海型氣候，平均氣溫夏天最高攝氏 27 度，
  冬天攝氏 8 度
- **語言**：法語
- **通行貨幣**：歐元

▶ 波克羅勒島

16 首府一景。這座位於普羅旺斯區的小島以首府為名,長住人口只有200人,海岸線長達30公里左右。在克羅港國家公園的保育下,波克羅勒島呈現豐富的生物多樣性,成為熱門的生態觀光樞紐,頗受自然愛好者的喜愛。

16-17 聖阿加特堡山腳下的小港口擠滿船隻。這座堡壘是16世紀由海盜興建的避難所,從寬廣的露臺上可以俯視全島,也能看見靠近土倫(Tolone)的耶爾海岬。

基本概況

- **國家**：西班牙
- **面積**：83 平方公里
- **距離本土**：141 公里，從瓦倫西亞（Valencia）算起
- **人口**：9962 人
- **首府**：聖方濟沙勿略（Saint Francis Xavier）
- **氣候**：地中海型氣候
- **語言**：加泰隆尼亞語（Catalan）、西班牙語（Castilian）
- **通行貨幣**：歐元

▶ 福門特拉島

福門特拉島

西班牙·巴利亞利群島

尚未被馴服的地中海香氣與色彩，需要細細品味

每當遊客問到參觀這座島大約要多久，福門特拉島居民總是回答：「看情況」，同時準備好出租兩輪或四輪交通工具。其實只要一天就足以航行小島一圈，還可以遊覽島中央的兩座「山」，說是山充其量只有 200 公尺高，中間由一條岬角分隔。但如果想記住海中繽紛的色彩，可能需要一個月，後遺症是每年夏天都會想回來。

島上的海灘綿延長達 20 公里，西地中海沿岸最美的海灘任君挑選，海灘吧臺（chiringuito）還會調出最美味的雞尾酒。每到日落時分你就會回到這裡，配著開胃酒聽聽音樂，或是仔細品味地中海樹叢散發的香氣，欣賞鹽田映出的閃耀光芒。還可以戴上蛙鏡穿上蛙鞋，欣賞海王神草（Posidonia）在洛斯菲歐斯海洋保護區（Los Freus Marine Reserve）綻放，為這片深淵增添色彩。

可是景色再美，也不足以說明它是如何發跡的。這座小島既不像馬約卡島（Majorca）充滿世俗的奢華享受，也不像伊比薩島（Ibiza）那麼精采刺激，更不像米諾卡島（Minorca）那麼傳統。而且在巴利亞利群島中，只能經由海路抵達的島嶼就只有這麼一座。這座島在 60 年代末被一群嬉皮發現，有人說它擁有魔力，英國搖滾樂團「深紅之王」（King Crimson）唱出〈福門特拉島女士〉（Formentera lady）一曲的副歌，為它做下完美的詮釋：

> 在豔陽下時間那灰色的手捉不住我
> 在星光下為我解開束縛、卸下枷鎖
> 福門特拉島女士，我的暗夜情人

福門特拉島能釋放你的心靈，讓你體會到最純粹的快樂。在這裡，光是生活必需品就能令你驚嘆連連，你會明白，不需要其他東西也能變得快樂。

18-19 在島嶼最北端，粉色細沙與淺水在礁岸間掀起漣漪。伊葉提斯沙灘（Illetes）很受遊客歡迎，特別是在淡季。

19 上 鳥瞰塞薩利內斯自然保護區（Ses Salines Nature Reserve）。這裡是福門特拉島的主要景點，鹽礦曾是島上主要的經濟來源。

19 下 雖然不如鄰近的伊比薩島那麼多世俗享受，福門特拉島也有千百種夜生活，就像拉莫拉區（La Mola）這間靠近米特昂海灘（Mitjorn）的夜店。

朋札島

義大利·朋廷群島

白日乘著鹹鹹的海風探險，日暮時分斜陽在頭頂灑下金色冠冕，
晚餐餐桌上擺滿千種風味的海味珍饈

島上居民最喜歡說一則故事：上帝辛勤工作後正在小憩，卻被喧嘩聲吵醒，原來世界上所有島嶼的統治者都在抗議朋札島超群的美。上帝迫於無奈，只好做出補償，創造了朋札島的居民。朋札人是高明的水手，既好客又頑皮，難以捉摸，就連當地最著名的海鮮食譜也稱為「瘋狂水煮魚」。他們甚至用煙火搭配美食，因此朋札島佳餚赫赫有名，令遊客慕名而來。

朋札島是朋廷群島中最大的島，也是第勒尼安海域（Tyrrhenian sea）宣傳最少的島嶼。但每年朋札島民都會使出渾身解數，為守護神聖西爾弗里奧（San Silverio）舉辦熱

鬧非凡的慶典。這座島嶼是一座火山沉入大海後，火山口外緣的遺址，登上 280 公尺高的瓜迪亞山（Mount Guardia）天然露臺，島上景緻一覽無餘。然後乘船在浪漫的海灣中慢慢探索，或是在點綴著龍舌蘭、金雀花與火山峭壁的鄉間漫步。這些峭壁由潮浪侵蝕而成，經歷了新石器時代、伊特拉斯坎文明（Etruscan）與羅馬文明，但如今只有部分嶄露在陽光底下。

這裡最主要的考古珍品是從海中出土的古物，像是「木乃伊」（Mamozio，最古老的雕像藝術傑作，從伊特拉斯坎時代流傳至今），以及一組羅馬雙耳瓶。港口附近還有一些年代久遠的洞窟，現在被居民當成倉庫和酒窖，用來貯藏葡萄酒。其中最著名的是蛇窟（Serpents Grotto），據說這裡住著一頭神話中的蛇，守護著同樣帶有傳奇色彩的寶物：一條 2000 多年前開挖的隧道，也是通往基艾亞月神海灘（Chiaia di Luna）唯一的陸上通道。這座鵝卵石海灘周圍有 100 公尺高的懸崖守護，據稱是群島中最美麗的海灣。

20 朋札島波旁港（Bourbon Port）的人行道兩側，有兩層曲線式房屋，構成當地獨特的景觀。這些房舍建成於 18 世紀後半，可說是波旁王朝的建築典範。

20-21 一道高聳的懸崖與另一道岩牆幾乎以直角相連，這是年邁火山存在的徵兆，內凹的火山口提供水手停泊的避風港。

基本概況
- 國家：義大利，拉吉歐政區（Lazio）
- 面積：7 平方公里
- 距離本土：33公里，從拉吉歐海岸的奇爾且奧海岬（Circeo）算起
- 人口：3110 人
- 首府：朋札
- 氣候：地中海型氣候，平均氣溫夏季最高攝氏 27 度，冬季攝氏 12 度
- 語言：義大利語
- 通行貨幣：歐元

▼ 朋札島

22-23 朋札港口的房屋形成圓形劇場，面對島上最寬闊的海灣，構成粉彩畫般的景致。這座市鎮的另一頭是著名的基艾亞月神海灘。

23 Orèstorante 餐廳的露臺座位是朋札島最佳的美食景點。這裡將鰤魚片做成韃靼佳餚（切碎生吃）、墨魚醬佐庫斯庫斯（蒸粗麥粉），還有海膽做成的蛋黃醬。

基本概況
- 國家：義大利，坎帕尼亞
- 面積：46 平方公里
- 距離本土：23 公里，從拿波里灣的波佐利（Pozzuoli）算起
- 人口：6 萬 2733 人
- 首府：伊斯嘉
- 氣候：地中海型氣候，平均氣溫夏季最高攝氏 28 度，冬季攝氏 12 度
- 語言：義大利語
- 通行貨幣：歐元

伊斯嘉島

伊斯嘉島

義大利 · 坎佩尼亞群島

一座迷人的地中海花園，擁有令人青春永駐的自然美景

在「壯遊」（Grand Tours）最盛行的時期，一位旅行者曾寫道：「伊斯嘉島的女人確實漂亮，」他接著說：「不過，巴拉諾（Barano）的女人才是最美的。」沒有人知道這個評斷是否來自實際的感官體驗，比較可能是根據古羅馬流傳的一則傳說。相傳巴拉諾島的心臟地帶山丘連綿，在一片岩石、葡萄園與地中海樹叢交錯的景色中，矗立著一座會湧出「魔泉」的山，能讓凡人擁有仙女般的美貌。魔泉的由來據說是一位尼特羅地（Nitrodi）仙女拒絕了阿波羅的追求，遭到變形的懲罰，她潔白的身軀溶入泉水，而她的美貌將生生世世透過這水流逝。

19 世紀中葉的人為了祈求美貌，在尼特羅地仙女噴泉附近供奉的雕像保存至今，揭露這裡是世界上最早的水療地之一。如今這座水泉不過是島上眾多溫泉浴場之一，而這座島嶼也只是那不勒斯灣（Gulf of Naples）眾多珍寶之一。為了向古時候致敬，島上所有養生浴場都冠上奧林帕斯眾神的名號，波塞頓水池和維納斯石窟的天然蒸氣都令遊客趨之若鶩。

近代科學已證實這座火山島的泉水有療效，加上它散發的魔幻氛圍，伊斯嘉島成為地球上最知名的溫泉浴場之一。每段療程都提供動人的內陸或沿岸景觀，以及每個地點

的神話。首府伊斯嘉不只賦予這座島的名字，還有敘拉古（Syracuse）暴君戴奧尼夏在公元前 4 世紀建的城堡，後來由阿拉貢人重建，在 16 世紀成為詩人與藝術家的聚集地。風景如畫的福利奧（Forio）成為近代詩壇，詩人 W.H. 奧登（W.H. Auden）與知名作家楚門 · 卡波帝（Truman Capote）等人都經常造訪。在福利奧小鎮的外緣，英國名作曲家威廉 · 沃爾頓爵士（Sir William Walton）與妻子蘇珊娜臣服於伊斯嘉島的魔力，決定違反自然，指派景觀大師羅素 · 佩吉（Russell Page）以維蘇威火山噴出的熔岩打造一座花園。這座「桃金孃園」（La Mortella）容納超過 500 種熱帶植物，每年約有 10 萬名遊客參觀，還會舉辦夏季音樂會。

如果伊斯嘉島的魔泉能治療身體，那麼它的迷人風采與音樂則是心靈食糧。

24-25 阿拉貢城堡位在岩石小島上，從 15 世紀開始就與主島相連，開放遊客參觀。城堡地處高處，俯視伊斯嘉橋區（Ischia Ponte）與伊斯嘉港區（Ischia Porto）的城鎮中心。伊斯嘉港區有許多地熱溫泉，過去稱為「澡堂別墅」（Villa Dei Bagni）。

25 阿拉貢城堡深入伊斯嘉島清澈的水域。每年夏季 8 月底的聖亞歷山大節（ST. Alexander）期間，遊客都會來這裡參加化裝遊行。

26-27 在這間伊斯嘉橋區中心的小餐廳，馬爵利卡陶飾（Majolica）點綴著動人的噴泉。這座城鎮保存了許多 18 世紀的典雅建築。

27 聖安吉羅村（Sant'Angelo）位於南部海岸，靠近馬隆提海灘（Maronti）。從港口搭乘小船出發，遊覽索傑托海灣（Sorgeto），溫泉泉水與海水會在這裡的懸崖下匯合。

28 上 聖安吉羅村一景。來到這座雅致的小漁村，遊客最喜歡在小廣場停下來，喝飲料提神。因為面朝南方，氣候分外宜人。

28 下 這是伊斯嘉島其中一座沿海城鎮，經常有外國遊客造訪。島上的歷史可追溯至公元前 770 年在義大利建立的第一個大希臘殖民地：皮德庫沙（Pithecusa），靠近今日的拉科阿梅諾鎮（Lacco Ameno）。

28-29 尼勾博溫泉植物園（Negombo Thermal Botanic Park）就在拉科阿梅諾附近，可以在這裡游泳好好放鬆，園區內還有不同的保健與復健療程。伊斯嘉島總會用各種方式展現當地的溫泉，水療設施提供廣泛的服務項目。

卡普里島

義大利‧坎佩尼亞群島

羅馬皇帝跟「甜蜜生活」初代擁護者的海角樂園

他們用「甜蜜生活」（Dolce Vita）來稱呼這個地方，令人聯想到羅馬，因為電影大師費里尼將傑作《甜蜜生活》的場景設在那裡。然而，甜蜜生活可以回溯到古時候，而且主角並不僅限於義大利首都，而是整個國家。

羅馬皇帝提貝里烏斯（Tiberius）在卡普里島就是過著這種甜美又無憂無慮的生活，他在島上建了 12 座莊園，每座都以一位奧林帕斯神作為主題。保存得最好的是「朱庇特別墅」（Villa Jovis），在懸崖上俯瞰大海。這位君王在這裡擺設一場場筵席，玩樂之餘才會統治羅馬。

氣候宜人、檸檬和柳橙果味芳香，還有豐富的美景與色彩，那不勒斯灣可能就是因此成為甜蜜生活的原型。俄國社會主義學家馬克西姆‧高爾基（Maxim Gorky）在這裡過著舒適的流亡生活，受到烏托邦般的卡普里島啟發，發展出 1917 年的俄國革命。

幾年後，義大利作家古吉歐‧馬拉帕爾泰（Curzio Malaparte）為了向提貝里烏斯大帝看齊，在馬蘇落岬角（Cape Massullo）建造一座城堡，並大膽地漆成龐貝紅色。這個建築奇觀被導演尚盧‧高達（Jean-Luc Godard）選為電影場景，還請來法國女星碧姬‧芭杜（Brigitte Bardot）。她身穿白色貼身七分褲，腳踩在溫伯托一世廣場（Umberto I Square）買來的普通涼鞋，以這身造型掀起「卡普里島時尚」。

這個廣場的名稱取自一位薩瓦王朝（Savoy）統治者，但所有人都暱稱為「小廣場」。它位在首府中心，是島上第一個也是最主要的中繼站，可以藉此前往島上各個奇觀。最著名的景點包括白色村莊阿納卡普里（Anacapri），以及著名的克虜伯盤山小徑（Via Krupp），經過一望無際的花海通往海邊。此外還有藍洞（Blue Grotto）和遊客最愛拍攝的海中岩柱。

卡普里島面積不大，但如果你想探索所有隱密的景點，這個假期可能會是一項壯舉。從迷人的岩洞水道，到昔日海盜的石窟堡壘，小島處處都是藏身地。往上走還會抵達位於米里耶拉觀察嶺（Migliera Observation Ridge）的卡普里哲學公園（Capri Philosophical Park），這裡像一座迷宮，每段曲折的步道都掛上柏拉圖、愛因斯坦等哲學家的名言。

要充分享受甜蜜生活，就要解放自我、放慢步伐，並且撇開導遊。哲學大師沙特曾說：「卡普里島非常神聖。到那裡不是要觀光，而是仔細品味那種特殊的感覺。」

30 鳥瞰卡普里島與它舉世聞名的海中岩嶼。這顆坎佩尼亞群島的明珠坐落於索倫托（Sorrento）半島前方，是每個人心中海濱奢華假期最原始的樣貌。

30-31 從卡普里島中心遠眺海中岩嶼。這三座高聳的岩塊過去位在岸上，後來慢慢沉入海中。在古羅馬時期，島嶼的這個部分布滿氣派的別墅與百合花池塘。

基本概況

- **國家**：義大利，坎佩尼亞
- **面積**：10 平方公里
- **距離本土**：28 公里，從拿波里算起
- **人口**：1 萬 4082 人
- **首府**：卡普里
- **氣候**：地中海型氣候，平均氣溫夏季最高攝氏 28 度，冬季攝氏 12 度
- **語言**：義大利語
- **通行貨幣**：歐元

▶卡普里島

32-33 照片呈現典型的「小廣場」風貌。數千名遊客在知名的廣場桌位旁流連，但很少人知道廣場的名稱取自安貝爾一世。卡普里島的社交中心位於城市海拔較高處，從大港（Marina Grande）或搭乘纜車都能抵達。

33 卡普里島是頂級旅遊勝地和購物天堂，擁有許多新潮精品店。這項特色可以追溯到 60 年代，碧姬‧芭杜創下的「卡普里島時尚」，讓貼身七分褲和夾腳拖成為那年夏天的基本款式。

聖彼特羅島

義大利·蘇伊奇斯群島

地中海的心臟地帶，不同口音交雜，訴說一段移民的古老史詩

首領一聲令下，「死亡之室」（corpus）的入口就被封起，這種專門捕殺鮪魚的地方叫托納拉（Tonnara，圈套），複雜的魚網在海面下鋪成一個龐大的陷阱，困在裡面的鮪魚一開始掙扎，就進入最後階段。負傷的鮪魚會被魚鉤刺死，鮮血將海面染紅，只有少數人看過這場奇觀還不會反胃。不過話說回來，有幸見識過的人都為此深深著迷，這個每年 4 到 5 月舉辦的血腥儀式從當地人有記憶以來就施行至今。

但是珍貴的地中海紅鮪魚數量急劇減少，大規模的屠殺行為已不多見。聖彼特羅島上的圈套角（Tonnara of Punta）與皮亞納島（Piana Isola）過去負責加工保存鮪魚，現在轉型成博物館與觀光村落。但是對島上唯一主城卡洛弗特（Carloforte）的居民來說，

捕魚深植在他們的血液中，是這些牧民傳統的精髓。他們在 1545 年離開利古里亞政區（Liguria region），定居於突尼西亞半島的塔巴卡（Tabarka），因為突尼西亞蘇丹特別允許他們在這從事深海捕魚。

兩個世紀後，他們在地中海沿岸的其他地盤屢遭海盜摧毀，薩丁尼亞國王——薩瓦王朝的查爾斯·艾曼紐三世（Charles Emmanuel III）讓利古里亞漁民搬到蘇伊奇斯群島這座無人島，在這裡建立新的家園。到現在你還是可以在聖彼特羅島上，透過島民富含阿拉伯詞彙的方言，聽聞這項壯舉。他們尊重大自然，神奇的水道有粉色岩柱把守，上面住著科西嘉海鷗；小島內陸長滿一望無際的地中海白松，以及夾雜桃金孃與杜松的芳香樹叢，中間穿插數條林間小徑。

卡洛弗特城粉色的屋瓦與外牆，外加曲折的巷道，看起來就像袖珍版的熱那亞（Genoa）。這裡距離別墅與豪華遊艇群集、耀眼但又稍嫌人造的翡翠海岸，不過 300 公里遠，即使在盛夏時分，聖彼特羅島感覺也像完全不同的星球。

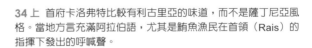

34 上 首府卡洛弗特比較有利古里亞的味道，而不是薩丁尼亞風格。當地方言充滿阿拉伯語，尤其是鮪魚漁民在首領（Rais）的指揮下發出的呼喊聲。

34 下 拉卡雷塔海灘（La Caletta）位於西岸的史巴馬托利溪（Spalmatore）。名稱源自腓尼基與羅馬水手的習俗，他們會在船上撒瀝青防水。

34-35 這座燈塔聳立在西岸的安德羅角（Andalo Cape）。女王隼和科西嘉海鷗在懸崖上築巢，這種海鷗有紅色鳥喙，尾羽上有黑色跟黃色斑點，還有橄欖綠的腿。

基本概況

- 國家：義大利，薩丁尼亞島
- 面積：51 平方公里
- 距離本土：6 公里，從蘇伊奇斯海岸的波爾托斯庫索
　　　　　（Portoscuso）算起
- 人口：6500 人
- 首府：卡洛弗特
- 氣候：地中海型氣候，平均氣溫夏季最高攝氏 27 度，
　　　　冬季攝氏 8 度
- 語言：義大利語
- 通行貨幣：歐元

▶聖彼特羅島

沙利納島

義大利·埃奧利群島

一大片蕨草綠地劃過島嶼中心，隔開兩座蟄伏了數百年的火山錐

「這」一次讓我快樂吧！沒有人發生不好的事……我比地上的青草更不可數，我觸摸樹木起皺的肌膚、下方的清水與天上的小鳥……」一個世紀才會有一位天才作家，寫下這般美妙的頌歌。但是任何踏上沙利納島的遊客，一看見島上繽紛的色彩與柔和的自然美景，就能親身體會智利出生的諾貝爾獎得主，巴勃羅·聶魯達在這篇〈快樂時光之歌〉中描述的情感。或許也是基於同樣的原因，雖然沒有任何歷史背景，這座島在 1994 年被選為電影《郵差》（Il Postino）的拍攝地點。

這部熱情洋溢的影片由兩位偉大的演員主演，法國明星菲利普·諾瓦雷（Philippe Noiret）飾演智利著名詩人聶魯達，義大利明星馬西莫·特羅西（Massimo Troisi）則飾演郵差，兩人的詮釋令整個世界為之沉醉。不過更確切地說，這部電影的第三位主角是

環形石階狀懸崖上的博拉拉小鎮（Pollara），它沒有半句臺詞，卻備受讚譽。但這只是沙利納島的眾多奇觀之一，它和所屬的埃奧利群島天差地遠。

如果沙利納島的姐妹島同樣擁有動人風采，特別是武爾卡諾島（Vulcano）和斯通波利島（Stromboli），它們的迷人之處就是會噴火的活火山，使島上呈現地獄般的景色。不過，沙利納島是群島中的綠色心臟，如今只能沿著美麗的瑞尼拉（Rinella）海灘上升、露出海平面的噴氣孔，以及刺鼻的硫磺味可以證明島上曾有火山活動。島上的孿生火山早已熄滅，古人稱它們為 Didyme，意思是「雙胞胎」，分隔兩座火山的峽谷，幾乎完全覆蓋著蕨類植物。火山土壤極為肥沃，讓島嶼農業興旺，還孕育出優良的葡萄品種，釀成風味獨特的馬勒瓦西亞（Malvasia）葡萄酒。

葡萄園遍布三個行政區——聖馬利亞（Santa Maria）、馬爾法（Malfa）和雷妮（Leni），島民住在亮到刺眼的白色房屋內，深植於土地，而不是周遭美麗而富饒的大海。他們懂得料理當地果實，甚至連微不足道的酸豆（capers），只要用鹽醃過小巧的花蕾，就成了沙利納島最出名的外銷食品。嘗起來同時有大地與海洋的味道，為每道菜餚添上特殊風味。

36 壯觀的天然拱門封住博拉拉海灘。聳立在一旁的小鎮是電影《郵差》的拍攝地點，這部電影由馬西莫·特羅西和菲利浦·諾瓦雷主演。

36-37 聖馬利亞是沙利納島的主要港口。位於南岸的瑞尼拉海灘是另一個海上樞紐。這座島是僅次於利帕里島（Lipari）的第二大島，名稱取自過去產鹽的湖泊。

基本概況
- 國家：義大利，西西里島
- 面積：26 平方公里
- 距離本土：78 公里，從卡拉布里亞（Calabria）沿岸的特羅佩亞（Tropea）算起
- 人口：4000 人
- 首府：聖馬利亞沙利納
- 氣候：地中海型氣候，平均氣溫夏季最高攝氏 28 度，冬季攝氏 13 度
- 語言：義大利語
- 通行貨幣：歐元

▶沙利納島

38-39 美麗的瑞尼拉小鎮一景，從鵝卵石與黑沙海灘一路往上延伸。瑞尼拉小港一帶有凝灰岩中挖出的石窟，過去曾是船隻的避風港。

39 馬爾法區的希曼（Signum）酒店擁有色彩溫馨的客房，就像出自室內設計雜誌。這間酒店由老舊的埃奧利村落改建而成，附設現代 SPA 設施，反映這座火山島的本質。

潘特勒里亞島

義大利

麝香葡萄的芬芳在非洲豔陽下增強，賦予生命給甘甜的葡萄乾酒

它有個暱稱叫「船島」，因為平均一年 337 天都會颳風。小島像是海面上的浮橋，在強風吹拂下搖曳，西西里海峽水深浪高，持續拍打熔岩海岸。阿拉伯人征服地中海這一帶時，稱它為「風之女」（Bent El Rhia）。自從火山爆發塑造出目前的地形，這座船島已經「航行」了 25 萬年。過去數百年來，「船員」有腓尼基人、羅馬人、拜占庭人、波旁王朝、義大利建國豪傑加里巴迪（Garibaldi）的愛國部隊，甚至是二戰期間的美國人。每代都會留下足跡，但卻沒有人能改變它。

潘特勒里亞島不是「時光靜止不動」的一般小島，它掌握了時光，隨著時間產生劇

烈變化。無論是走累人的水路，或是比較輕鬆的空路，一登陸就會明顯感受到這種差異：它看起來既黑暗又原始，能量在滾燙的溫泉裡沸騰，噴氣孔排出硫磺蒸氣。大部分的時候都展現不容小覷的姿態，換句話說，你必須經過一番努力，才能讓它展現它的美。

這裡並不適合普通遊客。既沒有海岸沙灘，也沒有靠岸之地，最好的游泳地點藏在島嶼的心臟地帶：溫熱且具療效的維納斯湖（Venus Lake）。潘特勒里亞島很像一艘土製的船，當地居民不擅長捕魚，頂多只會遠觀大海。內陸連綿不斷的迷人山丘叫做kuddie，空積石牆分隔超現實的地景，還有種植亞歷山大麝香葡萄（Zibibbo）的葡萄園，出產甘甜的葡萄乾酒（passito）。

除了大自然，島上最特殊的就是建築。古代農舍dammuso擁有阿拉伯風格的外觀，有些已改造成迷人的度假小屋，讓人記得潘特勒里亞島不是義大利最末端的地標，而是北非的第一個。

40 首府港口總有船隻停泊，不過，這塊嚴苛大地的居民以農業而不是漁業維生。為葡萄園擋風的空積石牆在島上形成的密集網絡，就足以證實這一點。

40-41 白色村落雄據山頂，俯視葡萄園梯田與洶湧的海洋。潘特勒里亞島純樸的美征服了不少名人，像是英國歌手史汀與法國影帝傑哈德·巴迪厄（Gerard Depardieu），巴迪厄名下的的葡萄園生產高級的葡萄乾酒。其他名人如名設計師亞曼尼與攝影師法比吉歐·菲利（Fabrizio Ferri）則將 Dammusi 農舍改造成精製的住宅。

基本概況
- 國家：義大利，西西里島
- 面積：83 平方公里
- 距離本土：70 公里，從突尼斯（Tunis）海岸算起
- 人口：7852 人
- 首府：潘特勒里亞
- 氣候：地中海型氣候，平均氣溫夏季最高攝氏 28 度，冬季攝氏 14 度
- 語言：義大利語
- 通行貨幣：歐元

▶ 潘特勒里亞島

策雷斯島

克羅埃西亞・克瓦納群島

兀鷲威武地從天而降，飛掠身披松衣的山脈，直抵海洋

古羅馬人稱它為 Hibernia，海拔 400 公尺高的老鷹築巢之地魯賓尼切古城（Lubenice）寒風刺骨，而且有史以來，沒有一個冬天不下雪。這座島上最偏遠的村鎮美不勝收，徒步爬上來是一項壯舉，但絕對值回票價。接著還可以沿著美麗的小徑，前往聖伊凡（Sveti Ivan）的白色海灣。島上屋舍的歷史可上溯到中世紀，都以石塊建成船隻的形狀，附上舷窗，彷彿在說就算身在山中，也能「聽見」大海的聲音。

不過，克瓦納灣（Kvarner Gulf）內這座島嶼有許多對比明顯的特徵。它是亞得里亞海域中最大的島嶼，長 66 公里，部分地區寬 2 到 12 公里，海岸線長達 268 公里，

最高點有海拔 648 公尺高。半座島都覆蓋著岩石，另一半則是松樹與橡樹，地形多樣，海灣依然保有原始風貌，谷地植被多達 400 種，這裡的懸崖是地中海威武鳥禽高山兀鷲最後的棲身之所，島上甚至還有一座淡水湖。除了自然景觀，沿海還有一座座小鎮與村落。

首府策雷斯（島名的由來）坐落於迷人的海灣內，受到古威尼斯龐大的防禦工事保護。這些建築是 15 到 16 世紀，威尼斯共和國在這座重要港口建造的，至今保存得相當完好。奧索爾（Osor）和瓦倫（Valun）這兩座村鎮還更古老，也更迷人。奧索爾透過一座可移動的橋梁連接洛辛尼島（Losinj），村內有從古羅馬時代到巴洛克時代的古蹟，散發出 50 年代的度假氛圍。而瓦倫本身就是一座露天博物館，因為發現許多用格拉哥里提字母（Glagolitic，斯拉夫人使用的古老語言）雕刻的銘文而出名。此外，瓦倫海灣海水清澈見底，臉書社團「策雷斯之友」（Friends of Cres）世界各地成千上萬名註冊粉絲甚至宣稱，它是島上最美的海灣。

42 上 瓦倫是這座狹長小島上最迷人的村鎮之一，村內只有寥寥幾間房舍與一個小港，過去曾與鄰近的洛辛尼島連接，現在被人工運河隔開。

42 下 狹窄的扣克（Krk）運河在克瓦納灣內緣分隔扣克島與策雷斯島。扣克島有一座橋與內陸相連。

42-43 海面上這十幾座小島使克羅埃西亞水域看來撲朔迷離，劃出迷宮般的水路，在一塊塊陸地間彎進彎出。這張照片從拉布島（Rab）的拉尼（Ravni）懸崖拍攝，達爾馬提安（Dalmatian）海岸近在咫尺，遠處可見策雷斯島。

基本概況

- 國家：克羅埃西亞
- 面積：406 平方公里
- 距離本土：5 公里
- 人口：3200 人
- 首府：策雷斯
- 氣候：地中海型氣候
- 語言：克羅埃西亞語、義大利語也通
- 通行貨幣：庫納（Kuna）

策雷斯島

赫瓦爾島

克羅埃西亞·達爾馬提安群島

夢幻海灣與薰衣草香，盡在克羅埃西亞的聖丑佩茲

為了吸引遊客，兜售赫瓦爾專屬紀念品薰衣草手工香袋的小販，每天至少會用五種語言重複說著：「但願玫瑰是你心中的香氣，薰衣草則是你靈魂的香水。」事實上，就連法國人也不得不承認，當地特有的克羅埃西亞薰衣草（Lavandula croatica）是世界上最香的品種。於是赫瓦爾島盡可能凸顯這項特色，使它成為熱門的旅遊勝地，達爾馬提安群島中最光彩奪目的島嶼。過去幾年來，國際知名旅遊雜誌曾將它比喻為亞得里亞海岸的聖丑佩茲（Saint-Tropez，法國濱海度假勝地）。

島民稱這片海域為克羅埃西亞的蔚藍海岸，這裡的海水又藍又遼闊，雖然沒有沙灘，岩灣在海中閃閃生輝。同時它也是克羅埃西亞群島中最長、陽光最燦爛的島嶼，令島民

引以為傲。此外，赫瓦爾島也是多項紀錄的保持者。早在公元前 4 世紀，希臘人就在這裡建立了一座城市，稱為斯塔里格勒（Stari Grad），意思是「古城」，現在是島上人口次多的城鎮。這座古城俯瞰一座峽灣，周遭都是農業景觀，還被從 2400 多年前蓋好的空積石牆隔開，近年來被聯合國教科文組織列為世界文化遺址。希臘人稱它為 Pharos，意思是「燈塔」，燈塔通常都建在懸崖，那正是這座首府目前的位置。這座城鎮至今吸引了許多喜歡歷史文化的人，也受到紳士名媛青睞。赫瓦爾市的主要景點，是一棟壯觀的 14 世紀城堡，以及裡面的火藥庫，可說是古威尼斯的建築傑作。世界上最古老的公共劇院，也在 1612 年興建於此。

此外，赫瓦爾衛生協會（Hvar's Hygiene Association）於 1868 年成立。可別因為名稱不好聽就小看它，它可是歐洲最早發展旅遊業的組織。那個時代的酒店現在都經過整修，附設高級餐廳與夜總會，提供島上最頂級的服務。及時行樂酒店（carpe diem）是地中海最時尚的休閒場所之一，正如它的名字所說，快到赫瓦爾島及時行樂吧！

44 乘船沿著赫瓦爾海岸航行，會發現許多海水清澈的小海灣，以及首府前的帕克林尼（Pakleni）小島群。

44-45 赫瓦爾市往日輝煌的遺址。這座港口是聖馬克共和國過去最繁華的地方之一。不過，所謂的西班牙堡壘是在 16 世紀中葉重建的。

基本概況
- 國家：克羅埃西亞
- 面積：297 平方公里
- 距離本土：38 公里
- 人口：1 萬 1500 人
- 首府：赫瓦爾
- 氣候：地中海型氣候
- 語言：克羅埃西亞語
- 通行貨幣：庫納

▶ 赫瓦爾島

基本概況
- 國家：克羅埃西亞
- 面積：98 平方公里
- 距離本土：11 公里
- 人口：1100 人
- 首府：巴比諾波列（Babino Polje）
- 氣候：地中海型氣候
- 語言：克羅埃西亞語
- 通行貨幣：庫納

木列特島

木列特島

克羅埃西亞·拉古沙群島

昔日的仙女之地如今是大自然的傑作，原封不動地保留這片寧靜樂土

在荷馬的史詩《奧德賽》中，尤里西斯被仙女卡莉普索（Calypso）以魔法俘虜，在奧吉佳（Ogygia）島上度過淫糜的七年。現代學者費盡功夫想找出這座島真實的地理位置，有人認為是哥卓島（Gozo），有人認為是直布羅陀海岸外的礁島，也有人認為是潘特勒里亞島。但是最合理的猜測，應該是亞得里亞海北邊最大的島嶼——木列特島。

隱藏在海洋岩洞中，清澈海水宛如藍寶石，沒有其他地方更適合作為《奧德賽》浪漫詩句的場景。木列特這個名字來自希臘文 melita，意思是「蜂蜜」，形容這個非常美麗的土地，只要看上一眼就會愛上映著湛藍海水的綠地，像克羅埃西亞的達爾馬提安群島一樣，石嶼遍布、起伏不平。

木列特島長 37 公里，寬不到 3 公里，像俄羅斯娃娃一樣，島內還有兩座湖泊，大湖（Veliko Jezero）與小湖（Malo Jezero）。它們其實是兩座內海，透過許多條水道與亞得里亞海相通。大湖內甚至還有一座聖瑪麗島（Sveta Marija），天主教本篤會於 12 世紀打造的修道院幾乎占滿了整座小島，院內保存達爾馬提安群島最珍貴的圖書館。木列特島國家公園除了保護這個文化遺產，以及許多可以上溯到希臘、羅馬和中世紀的廢墟，也保育以橡樹和地中海白松為主的植被，還有海底窪地上的桃金孃與杜松樹叢。

國家公園裡有多條步道，讓遊客來一場生態健行之旅。就算是 8 月觀光旺季，也很容易找到無人的岩灣，獨享美麗的海底世界。喜歡沙灘的人會在南岸找到薩普納拉（Saplunara）海灣，在晴朗的日子裡，還可以從海灘上遠眺杜布洛尼（Dubrovnik）古城，地中海的其中一個瑰寶。

46-47 天然良港歐庫耶灣（Okuklje）受地形保護，是島上的少數幾個村鎮之一。由於未經砍伐，濃密的綠林遍布全島。

47 唯一一條道路南北貫穿全島，路旁風景連綿，美不勝收，像是距歐庫耶不遠的普羅祖斯卡（Prozurska）海港。島上幾乎沒有旅館，它和達爾馬提安島同樣是海上旅遊的樞紐。

札金索斯島

基本概況

- **國家**：希臘
- **面積**：408 平方公里
- **距離本土**：18 公里，從伯羅奔尼撒（Peloponnesus）海岸算起
- **人口**：4 萬 1500 人
- **首府**：札金索斯
- **氣候**：地中海型氣候，平均氣溫 8 月最高攝氏 32 度，1 月攝氏 8 度
- **語言**：希臘語
- **通行貨幣**：歐元

札金索斯島

札金索斯島

希臘·伊奧尼亞群島

威尼斯人稱它為「東方之花」，傳說中維納斯誕生之地

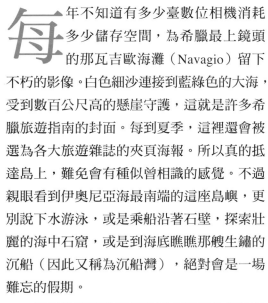

每年不知道有多少臺數位相機消耗多少儲存空間，為希臘最上鏡頭的那瓦吉歐海灘（Navagio）留下不朽的影像。白色細沙連接到藍綠色的大海，受到數百公尺高的懸崖守護，這就是許多希臘旅遊指南的封面。每到夏季，這裡還會被選為各大旅遊雜誌的夾頁海報。所以真的抵達島上，難免會有種似曾相識的感覺。不過親眼看到伊奧尼亞海最南端的這座島嶼，更別說下水游泳，或是乘船沿著石壁，探索壯麗的海中石窟，或是到海底瞧瞧那艘生鏽的沉船（因此又稱為沉船灣），絕對會是一場難忘的假期。

這裡的旅遊設施無法與希臘西北邊的科孚島（Corfù）大城相比（萬幸啊！），但是島上的拉格納斯海灘（Laganas）長達 9 公里，所有旅遊設施都集中在這裡，足以應付從復活節到 10 月下旬擠滿酒店、酒吧及夜店的度假人潮。此外，其他地方也很值得探索，適合開車——騎摩托車更好，悠然地兜兜風。想到每個沙灘曬日光浴，花個 15 天也不夠，瓦西賴友斯（Vasilikós）半島上的海灘尤其不容錯過。

當地在自然保育和低調發展的觀光業之間找到平衡，尊重傳統建築，保護紅海龜（Caretta caretta）產卵的地方。也鼓勵遊客到內陸村莊和修道院探險，在遼闊的酒莊農舍享受田園之樂。

花幾天的時間參觀與島嶼同名的首府也很值得。除了古威尼斯建築、海洋傳統和許多紀念碑，還有機會觀賞 kantádhes 希臘民謠表演。這種愉悅的音樂風格結合克里特（Crete）民謠與抒情歌劇的特色。

48-49 這座島嶼以首府札金索斯（Zakynthos）為名，義大利人稱之為 Zante。首府從熱鬧的港口一路延伸到山丘上的威尼斯堡壘。

49 雖然這些色彩繽紛的小船如今主要用來載客出遊，它們與濱海酒館為這裡增添不少希臘風情。

50-51 那瓦吉歐海灘又稱為沉船灣，是經典的希臘行程。從北岸懸崖的觀景臺上，可以欣賞美麗無比的海灘。

斯科佩洛斯島

希臘·斯波拉迪斯群島

《媽媽咪呀！》的拍攝地，果園肥沃，松蔭涼爽，還有宛如愛琴海落日般甘甜的蜂蜜

由好萊塢巨星梅莉·史翠普主演、收錄瑞典天團 ABBA 名曲的電影《媽媽咪呀！》，是希臘旅遊史上最成功的廣告，而且沒花他們半毛錢。世界各地有成千上萬人向旅遊業者打聽，或自己上網查詢，希望前往電影中的 Kalokairi 島，卻發現……它根本不存在！

片中的藍綠色海水明豔生動，令人懷疑是否在後製時動過手腳。不過，爬滿綠色藤蔓的白色屋宇、浪漫的懸崖、小巧的港灣，以及海灘上的白沙或渾圓的鵝卵石，並不是特別為這部 2008 年高票房大片加工出來的景色，而是斯科佩洛斯島的真實風貌。群島中這座最大島，是希臘最綠意盎然、空氣最芬芳的。據說這裡種的李子熟透後，是世界上最甜的，就連當地特產蜂蜜也有非凡的催情功效。自然景觀在斯科佩洛斯島蓬勃發展，500 萬株地中海白松與 5 萬株橄欖樹在山谷田野間或岩塊上隨處生長。

多年來，島民塑造的人文景觀，是米諾恩文明（Minoan）的最佳見證，包括首府荷拉（Chora）或格羅薩（Glossa）等風景優美的村莊，以及類似聖托里尼島（Santorini）藍白相間、珠寶盒一般的可愛房屋，外加 129 座教堂和神壇。拜電影之賜，卡斯翠區（Kastri）要登上 105 層階梯才能抵達的阿喬艾奧尼斯教堂（Agios Ioannis Chapel），成為最著名的婚宴場地。

儘管多年來靠觀光賺到不少錢，斯科佩洛斯島依舊保持純樸、含蓄的本色。繚繞在島上的是當地傳統樂曲，而不是 ABBA 合唱團的名曲。這種出自首府酒館的音樂稱為 rebetiko，可說是以希臘民謠詮釋的藍調。

52 分隔斯科佩洛斯島與相鄰的伊奧尼亞群島的懸岩上，佇立著聖約翰城堡教堂（Agios Ioannis Sto Kastri）。自從《媽媽咪呀！》結尾的婚禮在這裡拍攝，就成為這座島嶼的象徵。

基本概況
- **國家**：希臘
- **面積**：96 平方公里
- **距離本土**：28 公里，從色薩利（Thessalian）海岸算起
- **人口**：4696 人
- **首府**：荷拉
- **氣候**：地中海型氣候，平均氣溫 8 月最高攝氏 28 度，1 月攝氏 8 度
- **語言**：希臘語
- **通行貨幣**：歐元

斯科佩洛斯島

55 上 城鎮對面的山丘上點綴著古老寺院，有些有開放給遊客參觀。

55 下 斯波拉迪斯群島的傳統建築，使用許多石塊砌造與石板屋頂，有別於基克拉哲斯群島的風格。

米洛斯島

希臘·基克拉哲斯群島

在維納斯的領域，海水綠波閃爍，調皮地在岩岸花紋間起舞

羅浮宮內最出名的古希臘傑作愛神阿芙羅黛蒂（Aphrodite）雕像，代表了女性最極致的美。1820年，米洛斯島上正在耕田的農民發現它時，就已經沒有雙臂且斷成兩截。整尊雕像比 2 公尺高一點，因此法國畫家雷諾瓦給它取了個不怎麼好聽的綽號「大憲兵」（Grande Gendarme），也只有這位藝術家敢對它品頭論足。沒有人知道這座雕像出自哪一則希臘神話，但左肩的位置讓人猜想，應該是勝利的維納斯正要將蘋果送給阿波羅。這正好反映米洛斯島的現況：一顆有待拾取的蘋果。雖然島上有超過 75 座一流海灘，愛琴海最南端的基克拉哲斯群島也沒有其他島嶼比得上它，大眾旅遊業卻讓它坐冷板凳。

安達曼塔斯（Adamantas）港口附近，在侵蝕作用下雕琢而成的峭壁與澄澈海水，讓薩拉金尼科（Sarakiniko）成為最上鏡頭的海灘。安達曼塔斯港口是乘船環島的起點，從這裡出發，遊客可以欣賞菲力普雷亞（Firiplaka）的紅色岩石，與卡雷夫口（Kleftiko）的岩石結構，還可以深入帕帕夫雷加斯海灣（Papafragas），要走水路穿過巨大的岩石拱門，才能抵達這座天然泳池，享受潛水之樂。

米洛斯是一座火山島，擁有膨土、高嶺土、珍珠岩、石英，以及最重要的黑曜石等珍貴礦物，使它成為古愛琴海文明的採礦中心。花點時間參觀首府普拉卡（Plaka），還能欣賞到考古遺址，從古希臘羅馬時期到初代基督教會時代，就像特里批帝（Trypiti）的地下墓穴。橄欖樹蔭下層層臺地中的地下墓穴，從首府中心一路往海邊延伸。在其中一個墓穴內，還找到了阿波羅神廟的遺址，具有多利克（Doric）風格，可能是阿芙羅黛蒂像最初的供奉地點。

56 從山頂遠望，映入眼簾的除了古羅馬劇場（公元前 2 世紀）遺址與克利馬村（Klima），還有廣闊的安達曼斯灣，這座古老的火山口也是港名的由來。

56-57 耀眼的白色浮石被海風塑成奇形怪狀，使南岸的薩拉金尼科懸崖擁有月球表面般的景色。在遠處的海面上，則是黑色玄武岩柱形成的格拉隆尼西亞島（Glaronissia）。

基本概況

- 國家：希臘
- 面積：158 平方公里
- 距離本土：156 公里，從雅典港口皮雷埃夫斯（Piraeus）
  算起
- 人口：4800 人
- 首府：普拉卡
- 氣候：地中海型氣候，平均氣溫 8 月最高攝氏 28 度，1 月
  攝氏 15 度
- 語言：希臘語
- 通行貨幣：歐元

米洛斯島 ▼

58 上　穿梭在普拉卡紀念品店和餐館間的小巷。從這座典雅的首府俯瞰安達曼斯灣全景，沉浸在典型的希臘島嶼氛圍中。

58 下　馬卓基亞（Mandrakia）的濱海村落與其他沿海村莊一樣，許多老舊船棚都被改建成小巧的公寓，臨海而居，百葉窗漆上活潑的色彩，看起來有一分古典美。

59　這座早期教堂有一座顯眼的石造鐘塔，1728 年為了海中聖女帕納吉亞（Panagia）而建，坐落於壁壘森嚴的卡斯特羅城（Kastro）頂端，從 280 公尺高處俯視普拉卡城。

密科諾斯島

希臘·基克拉哲斯群島

享受生活的樂趣與超越世俗的渴望，調製出一杯特殊的地中海雞尾酒

最能捕捉密科諾斯島精神的一句話是：「沒有密科諾斯，就沒有派對。」在基克拉哲斯群島，甚至整個愛琴海中，它算是最時髦也最能享樂的島嶼。過去也是盛況空前，社交名流紛紛湧入，打頭陣的是希臘船王亞里士多德·歐納西斯（Aristotle Onassis）與歌劇名伶瑪麗亞·卡拉斯（Maria Callas），賈桂琳·甘迺迪（Jackie Kennedy）、伊麗莎白·泰勒（Elizabeth Taylor）、葛雷哥來·畢克（Gregory Peck）與葛麗絲·凱莉（Grace Kelly）等人也隨後抵達。吸引這些名人的是懂得做生意的島民、美麗的海灘、首府的立體派建築，以及點綴著首府郊外的特色風車。1973年夏天更發生了頭條事件，在義大利裔的美國藝術家皮耶羅·阿韋爾薩

（Piero Aversa）主持的開幕儀式中，希臘第一間公開的同志雞尾酒吧正式開張。

皮耶酒吧至今仍在營業，現在看來不怎麼稀奇，但它在那個年代點燃了前衛思想，釋放沉寂已久的能量。那是打從古希臘羅馬時代，當密科諾斯島——以天神阿波羅的孫子命名——和鄰近的提洛島（Delos）關係還很密切時，就已經存在的精神。現在仍延續過去的光景，由同志社群獨領風騷，以變裝皇后為主角，舉行盛大的遊行派對。

由於它是廉價航班的中轉站，也吸引了其他旅客，像是崇尚享樂主義的派對動物，他們每天睡到下午，一醒來就衝去超級樂園海灘潛水；還有喜愛美景的遊客。這是因為密科諾斯島和附近的桑托里尼島，同屬基克拉哲斯群島中的「姐妹島」，不時展露壯觀的風景，包括南岸的碧綠海灣、阿諾梅拉（Ano Méra，內陸唯一的村落）的教堂、首府卡斯翠區漆成全白的小巷，或是「小威尼斯」的海濱房舍。

1959年，漁民發現一隻受傷的鵜鶘，於是為牠療傷，照顧牠長達30年，叫牠佩特羅斯（Petros）。牠死後，德國動物園捐給他們另一隻鵜鶘，島民稱牠為佩特羅斯二世，讓牠繼承島上吉祥物的身分。

60 超級樂園海灘這個頭銜絕不誇張。這個島嶼中心地區企盼能成為享樂天堂，不分日夜熱鬧非凡，提供旅客在假期中追求的刺激感。不過到了早上又搖身一變，化身平靜的海岸。

60-61 著名的卡托米利（Kato Mili）風車高踞村落之上，如今成為島嶼標誌。

基本概況

- **國家**：希臘
- **面積**：88 平方公里
- **距離本土**：150 公里，從雅典算起
- **人口**：9320 人
- **首府**：荷拉
- **氣候**：地中海型氣候，平均氣溫 8 月最高攝氏 28 度，1 月
  攝氏 15 度
- **語言**：希臘語
- **通行貨幣**：歐元

密科諾斯島 ▶

62-63 基克拉哲斯群島的村落內,從街頭巷弄到檉柳樹蔭下的小廣場,處處盡是
國旗的白色與群青色。就連希臘行程中古老的米科諾斯島,也保有這項可愛的特色。

63 在小威尼斯,濱海旅舍色彩鮮豔,呼應面海陽臺的顏色。千萬別忘了停下來啜
飲可口的茴香酒(ouzo,一種希臘開胃酒)。

桑托里尼島

希臘·基克拉哲斯群島

藝術村莊的純淨之美，普照老火山口黝黑的熔岩身軀

桑托里尼島居民結合希臘文與英文，創造出「夕陽追逐者」（sunsetarides）這個詞，形容從世界各地前來觀賞面對首府西拉（Thira）的黑色岩岸，被落日照成一片火海。這座風景如畫的首府，垂直矗立在圓形劇場般的火山熔岩地形中央。進入夏季，必須提前幾個星期預訂，才可能搶到酒吧露臺的前幾排桌位。

2011年，英國廣播公司與孤獨星球將桑托里尼島選為地球上「最酷」的島。不過，當地氣候炎熱，說「最熱」可能更恰當。雪白色的村莊像棉絮一樣附在岩石上，又像一顆顆蠶繭。幾年前島上的村莊還很荒蕪，現在卻有基克拉哲斯群島、甚至整個愛琴海中最時尚、最具創意的酒店、餐廳與精品店。雖然上次火山大爆發是在1956年，歷年來火山運動持續進行，賦予島嶼溫暖的色澤，

從一片漆黑到鏽紅色，與藍色的海水形成強烈對比。日落時分以外的時候，也有令人屏息的秀麗景觀。

不過，從一個比較實際且幽默的觀點來看，有人說在桑托里尼游泳，就像在巨大的煙灰缸裡洗澡。他們還建議：與其在佩里薩和卡馬利（Perissa and Kamari）兩座島上幅員最廣的沙灘上曬太陽打發時間，還不如踏上西拉和伊亞的小巷和陡峭的石階，從高處欣賞小島的美，或是到伊索高尼亞（Exo Gonia）與皮爾戈斯（Pyrgos）享受村莊的田園風光。也可以探訪愛琴海的龐貝古城——被火山灰淹沒的阿克羅帝利（Akrotiri，）。公元前17世紀這場劇烈的火山爆發，讓這部分的島嶼和雄據其上的火山口沒入海中。

據說火山爆發引發的海嘯甚至殃及遠方的村落，為克里特繁華的米諾恩文明畫下句點。因此說亞特蘭提斯的傳說，源自桑托里尼島這場浩劫，也不怎麼令人意外。西拉島正前方令人望而生畏的錫拉夏小島群（Therasia）與新舊卡美尼島（Palaia and Nea Kameni）是僅存的遺址，可以乘船小遊，寫下旅程的番外篇章，追念在火紅的落日斜陽中沉沒的古代文明。

64 在桑托里尼島最南端的半圓形火山口，有一座紅色海灘叫阿克羅帝利，圍繞錫拉夏小島群與新舊卡美尼島。與島上大多數海灘一樣，阿克羅帝利位於島嶼最外緣。

64-65 首府西拉島呈現出島嶼的特色：建築架構看似隨意，卻臻於完美，甚至啟發了法國建築師勒·柯比意（Le Corbusier）。他曾說：「建築是光線下充滿智慧、嚴謹又壯麗的結構。」

基本概況

- 國家：希臘
- 面積：76 平方公里
- 距離本土：233 公里，從雅典算起
- 人口：1 萬 3400 人
- 首府：西拉
- 氣候：地中海型氣候，平均氣溫 8 月最高攝氏 30 度，1 月
  攝氏 15 度
- 語言：希臘語
- 通行貨幣：歐元

桑托里尼島 ◣

66 上 在火山口南端的伊亞村（Oia），繽紛的色彩柔化了基克拉哲斯建築。露臺大門上的「錯覺畫」（trompe l'oeil）也非常逼真。

66 下 攝影愛好者在伊亞村有各種拍攝對象可選。每個角落、階梯與廣場，都是抽象幾何圖形與研究色彩組合的成果。愛琴海的豔陽又為這幅視覺盛宴添上最後一筆。

66-67 要分辨伊亞村的街道與屋宇並不容易。陡峭的熔岩壁上是稠密交錯的屋頂和陽臺，常常得從屋頂進入屋內，享受岩壁鑿出的涼爽室內。

68 桑托里尼火山口面向西方，斜陽揮灑出令人難忘的粉彩色調，就像比利時畫家佛隆（Folon）筆下的水彩畫。每到傍晚露臺都坐滿了來喝開胃酒的人，營造出純真的詩歌景緻。

69 西拉島的露臺桌位坐滿了人，由此可見桑托里尼島是觀光產業的明星。這裡提供選擇眾多的住宿，有些非常高檔。也可以到餐館花一個晚上品嚐魚類料理、傳統的希臘菜餚，或大膽的新式烹調。

基歐斯島

希臘·愛琴海群島

除了蔚藍海岸，還有魔幻般的乳香，瀰漫翠綠鄉間

英國人稱基歐斯島為「工作之島」，和只靠旅遊為生的眾多希臘小島有所分別。舉例來說，感謝希羅多德（Herodotus）筆下描繪的航海傳統，如今各大希臘船東雖然定居雅典，在倫敦的勞埃德保險社做生意，還是會將部分財富投資在他們出生的島嶼上。如果打算傍晚在沙灘酒吧，邊喝茴香酒或其他開胃酒、邊欣賞落日，建議還是不要去基歐斯島。就算這裡美得像明信片，在這裡度假感覺還是像在上班。

跟島上其他景點相比，碧綠的海灣也失去了光彩。島民都說這裡是荷馬的出生地，於是出現了許多典故。最著名的海灘被命名為 Daskalopetra，希臘語意思是「教師之岩」，

據說《奧德賽》的作者就是坐在這座天然岩石寶座上講課。

內陸山谷內七種鬱金香都是當地特有種，如果 4 月是賞花季，夏季就是乳香樹脂的收成季。這種樹脂以「古代口香糖」聞名，從當地特有的乳香木（Pistacia lentiscus）汲取而來。數百年來，為了爭奪這項貴重商品，羅馬人、威尼斯人、熱那亞人和奧圖曼人依序攻占這座島嶼。

乳香木主要集中在基歐斯島南部，非常值得參觀。坐落在山上的「新修道院」（Nea Moni，於 11 世紀建造）也值得一去，那裡保存的馬賽克裝飾，是希臘拜占庭藝術最美的代表作之一。這座壁壘森嚴的中世紀村落又稱為「乳香村」（Mastichochoria），是另一個重要景點。交易樹脂利潤豐厚，因此有餘打造講究的建築。人口最多的梅斯塔村（Mesta）擁有迷宮般的巷弄，還有熱那亞人所建的城堡，周圍有四座圓形高塔守護。皮爾基村（Pyrgi）同樣風景如畫，村內的房屋以幾何與花卉圖案裝飾，這裡還是克里斯多福·哥倫布的出生地。當地居民都對天發誓，哥倫布並不是熱那亞羊毛工的兒子，而是拜占庭王子的子嗣。

70 看到島上的風車，就知道愛琴海強風肆虐，在美塔米區（Meltemi），連夏季都颳著強勁的西北風。

70-71 海岸線有不少美麗海灘點綴，與土耳其僅隔一條海峽，離伊茲密爾城（Smirne）不遠。有利的地理位置對島內經濟很有幫助，因此自古以來貿易興盛。

基本概況

- 國家：希臘
- 面積：843 平方公里
- 距離本土：8 公里，從土耳其海岸算起
- 人口：5 萬 2000 人
- 首府：基歐斯
- 氣候：地中海型氣候，平均氣溫 8 月最高攝氏 27 度，1 月
  攝氏 11 度
- 語言：希臘語
- 通行貨幣：歐元

基歐斯島

72 皮爾基村一景。這是一座典型的「乳香村」，中世紀堡疊豎立在乳香木園中。古人把當地特有種提煉出來的乳香，用在製造化妝品和藥物。

72-73 小島南邊有大約 20 座「乳香村」保留了下來，建築十分有特色。這種幾何裝飾叫 xystá，在石灰外牆上塗一層黑沙，再刮出圖案，形成鮮明的對比。

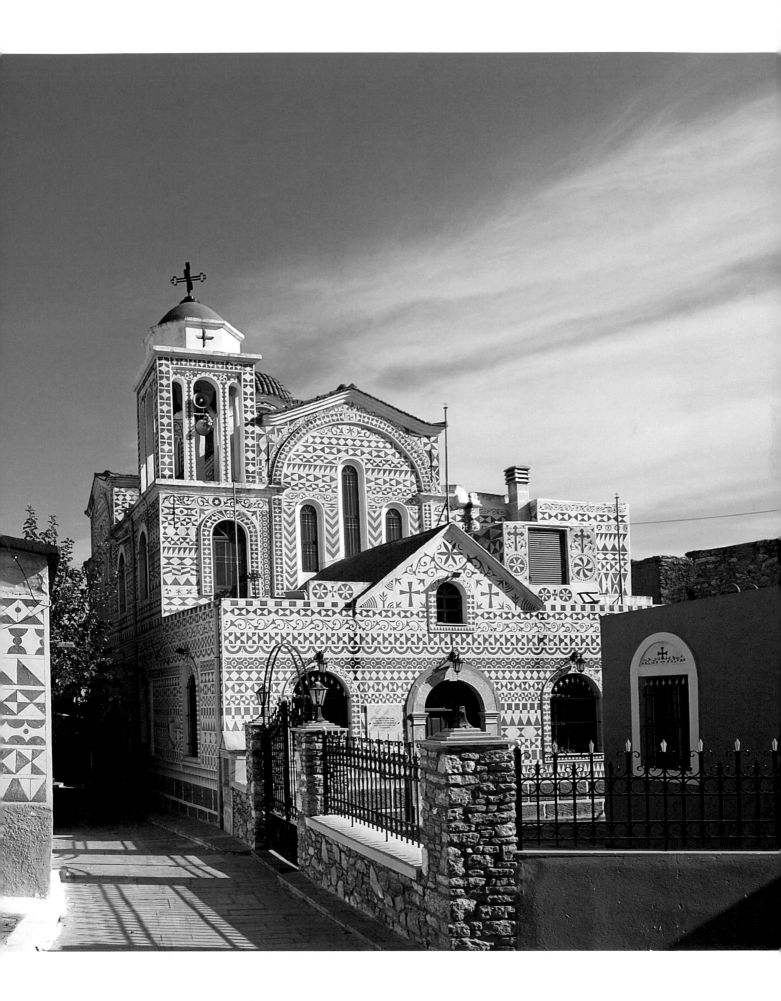

科斯島

希臘·多德喀尼群島

返回健康之源，奉醫神之名恢復身心平衡

希臘人和土耳其人處不來是眾所皆知的事，但是希臘的科斯島與土耳其的波德倫島就不是這麼一回事了。在多德喀尼群島中，科斯島是人口和遊客人次僅次於羅得斯島（Rhodes）的第二大島。波德倫島則是土耳其沿海最受愛戴的度假勝地。兩座島嶼面面相對，像鏡子一樣反映彼此的歷史、傳統與當地精神，交織成獨特而迷人的故事。

這座島和羅得斯島之間的「手足之情」，只剩下聖約翰騎士團在首府（賦予島嶼的名字）建的城堡可以證明。這些古希臘遺址帶有強烈的鄂圖曼清真寺風格。在迷宮般的巷弄內的希臘咖啡館（kafenion）享用茴香開胃酒與蘋果茶，就像置身在阿里巴巴的山洞中。更具東方風情的市集內，可以買到明亮

鮮豔的基里姆（kilim）服飾，以及帶月桂與橄欖油香的手工肥皂。

科斯島如今能成為一個度假勝地，多虧它離土耳其很近，因此來到這裡，也該到對岸的土耳其島走走。它的盛名 2000 年來始終不墜，因為這裡是醫學之父希波克拉底（Hippocrates）的出生地！我們可以合理懷疑，列為景點的那顆樹，是否真的是他教導學生的地方；但是 Asclepeion 神殿遺址無疑是古代第一座醫療中心。它佇立在人工梯田之上，遠眺大海與土耳其海岸，頂層是阿波羅之子──醫神 Asclepeion 的聖殿，由此可以看出希波克拉底主張環境對醫療的重要性，對應到現代醫學強調的整體健康。

從典型村落到一連串的海灘，一處比一處美麗，拜這片綠樹成蔭的祥和景觀之賜，在科斯島度假能滋養身心靈。本書強力推薦凱法諾斯半島（Kefalos，字面跟地理上都是科斯島「重要的頭部」）。眼前浮現半月形的白色沙灘，是一座名副其實的樂園。海水反射出深淺不一的藍、有完善的水上活動設施，也很適合度過慵懶的時光。據說第一位被它的歷史背景吸引的遊客，正是埃及豔后克麗奧佩特拉。

74 小港口曼卓拉奇（Mandraki）一景。靠近具有歷史背景的科斯港，有 250 個固定碼頭可供船隻停泊。這座島離羅得斯島不遠，是重要的旅遊中轉站。

74-75 希臘語意思是「頭」的凱法諾斯半島，連同卡斯翠（Kastri）小島，位於科斯島的最西邊，擁有許多熱門海灘，包括樂園海灘。

基本概況
- 國家：希臘
- 面積：287 平方公里
- 距離本土：4 公里，從土耳其海岸算起
- 人口：3 萬 1000 人
- 首府：科斯
- 氣候：地中海型氣候，平均氣溫 8 月最高攝氏 30 度，1 月
  攝氏 10 度
- 語言：希臘語
- 通行貨幣：歐元

科斯島

76 夜晚被路燈照亮的科斯島濱海步道，是在夜店與停泊船隻中享受「夜生活」的場景。市內那座巨大的梧桐樹，據說是當地居民──醫學之父希波克拉底 2400 年前種下的，到樹蔭下就能體會療效。

77 雖然看起來和希臘數千座小島沒兩樣，科斯島隱藏著年代久遠的歷史，為了抵禦奧圖曼帝國入侵，聖約翰騎士團於 15 世紀建造的騎士城堡，見證了這段歷史。

卡斯提洛里桑島 ▶

基本概況

- 國家：希臘
- 面積：9 平方公里
- 距離本土：2 公里，從土耳其海岸算起
- 人口：450 人
- 首府：卡斯提洛桑
- 氣候：地中海型氣候，平均氣溫 8 月最高攝氏 31 度，1 月攝
  氏 10 度
- 語言：希臘語
- 通行貨幣：歐元

卡斯提洛里桑島 ▶

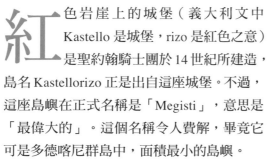

卡斯提洛里桑島

希臘·多德喀尼群島

在古老氛圍與單純的喜悅中，多德喀尼群島的祕密受到嚴密的保護

紅色岩崖上的城堡（義大利文中 Kastello 是城堡，rizo 是紅色之意）是聖約翰騎士團於 14 世紀所建造，島名 Kastellorizo 正是出自這座城堡。不過，這座島嶼在正式名稱是「Megisti」，意思是「最偉大的」。這個名稱令人費解，畢竟它可是多德喀尼群島中，面積最小的島嶼。

因此過去很少人能在地圖上找到它。然而，義大利導演加布里埃·薩爾瓦多斯（Gabriele Salvatores）在島上拍攝《地中海樂園》（Mediterraneo），並以這部電影贏得 1991 年的奧斯卡最佳外語片。至此之後，它就不再是希臘東方邊界眾多島嶼的其中一座，而是獨特的度假勝地，完美地代表希臘真實、可愛又野蠻的特性。這部電影描述二戰期間一群義大利士兵受命駐守在前哨小島的故事。上映後已經過了 20 多年，它帶來的效應卻絲毫不減。再加上島嶼本身的魅力，這裡成為主要旅遊景點，能令旅客在假期間忘卻所有俗世煩憂。

雅典似乎遠在他方，但是一進入夜晚，土耳其卡斯鎮（Kas）的燈光又顯得很近，好像伸手就可以碰到。這裡沒有沙灘，只有稜稜角角的岩石，讓出海成為充滿挑戰的任務。但也沒有關係，這番嚴峻的海景依然動人，岩石間矗立著古老的東正教修道院與利西亞（Lycia）墓穴。在賦予島名的首府內，漆成五顏六色的小巧房舍、旅店與樓房（kordoni），以及港口沿岸的人行道，都邀請旅客享受純粹的喜悅，像是從港口跳入海中潛水。當地人每年的 6 月 19 日都會跳入海港，以紀念聖以利亞。

78-79 與 79 崎嶇的山丘和陡峭的海岸讓人望而卻步。這座愛琴海最東邊的希臘島嶼沒有沙灘，要從陸地下到海邊也不容易。它的魅力正是險峻地形與寧靜村鎮間的對比。

80-81 具新古典主義色彩的小屋子：色調柔和、彩色門戶、木製陽臺和傾斜的瓦片屋頂，正是卡斯提洛里桑迷你版「大港」的特色，大約有 250 間屋子是有人居住的。

81 港灣自成天然屏障，面向土耳其海岸，每到傍晚，卡斯城燈火通明。儘管島的位置偏僻，仍是一個旅遊勝地，尤其 1991 年，導演薩爾瓦多斯在這裡拍攝《地中海樂園》，並奪得奧斯卡最佳外語片獎。

基本概況

- 國家：葡萄牙
- 面積：448 平方公里
- 距離本土：1678 公里，從里斯本（Lisbon）算起
- 人口：1 萬 4806 人
- 首府：馬達萊娜（Madalena）
- 氣候：潮溼的亞熱帶型氣候，全年氣溫攝氏 11-28 度，據說
  在亞述島一天就可以體驗到三種季節。
- 語言：葡萄牙語
- 通行貨幣：歐元

皮庫島

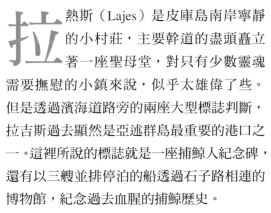

皮庫島

葡萄牙·亞述群島

在汪洋中聳立的火山餘威，鯨魚交配季必經之處

拉熱斯（Lajes）是皮庫島南岸寧靜的小村莊，主要幹道的盡頭矗立著一座聖母堂，對只有少數靈魂需要撫慰的小鎮來說，似乎太雄偉了些。但是透過濱海道路旁的兩座大型標誌判斷，拉吉斯過去顯然是亞述群島最重要的港口之一。這裡所說的標誌就是一座捕鯨人紀念碑，還有以三艘並排停泊的船透過石子路相連的博物館，紀念過去血腥的捕鯨歷史。

18 世紀初，美國捕鯨人將這個行業引入亞述群島，之後將近 200 年，捕鯨成為皮庫島的經濟命脈。直到 1880 年代末期，這些鯨魚才不再是獵捕對象，而是旅遊景點。如今搭船賞鯨成為一種驚奇的海上活動，遊客不僅可以看到鯨魚，還可以看到牠們的求偶儀式。

皮庫島的村莊與狂熱的宗教傳統雖然引人入勝，卻不太適合只想在海灘上放鬆的貴婦。它的名字取自島上 2351 公尺高的層狀火山，登上這座葡萄牙最高峰會是挑戰身心極限的大好機會。

島上造型奇特的黑色石塊、深邃的熔岩洞窟，以及火口湖都顯明皮庫島曾經歷過火山爆發。拜火山之賜，島上土壤肥沃，從 15 世紀開始大量栽種葡萄，形成如詩如畫的田園景觀，更在 2006 年被聯合國教科文組織列為世界遺產。

想當然，遊客對島上寥寥幾間旅館不屑一顧，寧願住在農莊裡。這些小屋以黑色石塊搭建，四周都是葡萄園，以典型的空積石牆或圍欄圈起，將地面分割成完美的幾何圖形。這裡的葡萄園生產華帝露葡萄酒（Verdelho），有了這種香甜的佳釀，女士們總算有得享受了。

82-83 位在主要城鎮馬達萊娜的聖瑪德蓮教堂，建築風格反映捕鯨群島的葡萄牙文化背景。

83 2350 公尺高的火山主宰全島景觀，賦予島嶼皮庫之名。這座葡萄牙最高峰受聯合國教科文組織保護，山腳下有廣闊的葡萄園，繡球花沿途蔓生。從山坡爬到火山口，會是精采刺激的登山之旅。

84 在拉熱斯舉行的聖靈節慶典，非常受遊客歡迎，還有捕鯨博物館可供參觀。不再捕鯨後，亞述群島反而成為賞鯨的必訪景點。

84-85 除了醒目的風車，還有皮庫島常見的黑色熔岩。這些以火山熔岩砌成的圍牆有一項重責大任，就是保護葡萄園作物，出產備受好評的華帝露葡萄酒。

聖港島

葡萄牙・馬德拉群島

夏末時分魅力無窮，大葉萬年青茂密繁盛

萬年青是那種不需要多加照顧，很容易在公寓裡種的植物，所以又叫快樂之木。但是很少人能認出聖港島上的高大品種，這裡的萬年青高達15公尺，布滿斑點、葉面修長的樹葉形成大傘般的樹冠。8-9月盛開時，空氣中充滿濃郁的甘甜芬芳。

不過，這些樹只是這座貧瘠小島的眾多奇觀之一。聖港島可能是大西洋中最隱密的小島之一，它屬於馬德拉群島，長10公里，寬6公里，周圍有六座岩石構造。南岸是一大片幽靜的金色沙灘，北岸則是颳著強風的峭壁，相當陡峭，幾乎以90度角垂直陡降進入大海。

受到海底火山活動的影響，靠近海岸的海水相當溫暖，而且最近有研究證明，聖港的海水富含鎂和鈣，具有療效能促進身體健康。此外，島上全年氣候溫和，氣溫不會低於攝氏18度，觀光設施的開發與環境保護和諧並進。居民熱情好客，對他們的海洋傳統、美食和葡萄酒都非常自豪。

種種動人因素令旅客想長時間停留，而第一位這樣做的人不是別人，正是探險家哥倫布。他在一次航行中登陸聖港島，娶了當地熱那亞商人的女兒菲莉帕・莫尼茲（Felipa Moniz）。他和愛妻在主村貝里拉（Baleira）市中心的舊宅，如今改建成博物館，展示他的探險成果。

86 上　特殊的岩石結構透露這座島是火山島。

86 下　波特拉（Portela）附近的風車在島上隨處可見，許多仍然運作至今。

86-87 大西洋中的聖港島距離著名的馬德拉島50公里，南岸沙質細軟、沙灘綿延不斷，北岸則是高大雄偉、風勢強勁的懸崖。

基本概況

- 國家：葡萄牙
- 面積：43 平方公里
- 距離本土：730 公里，從摩洛哥海岸算起
- 人口：5482 人
- 首府：貝里拉
- 氣候：乾燥的亞熱帶型氣候，全年少雨
- 語言：葡萄牙語
- 通行貨幣：歐元

聖港島

基本概況

- 國家：西班牙
- 面積：1660 平方公里
- 距離本土：97 公里，從摩洛哥海岸算起
- 人口：10 萬 3000 人
- 首府：羅沙略港（Puerto del Rosario）
- 氣候：乾燥的亞熱帶型氣候，全年少雨
- 語言：卡斯提爾語（西班牙語）
- 通行貨幣：歐元

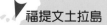
福提文土拉島

福提文土拉島

西班牙·加納利群島

宛如大西洋沙海中的駱駝孤峰，溫熱的卡利馬風將撒哈拉的沙子吹遍全島

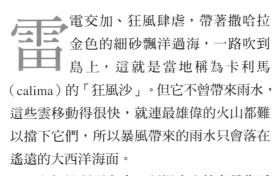

雷電交加、狂風肆虐，帶著撒哈拉金色的細砂飄洋過海，一路吹到島上，這就是當地稱為卡利馬（calima）的「狂風沙」。但它不曾帶來雨水，這些雲移動得很快，就連最雄偉的火山都難以擋下它們，所以暴風帶來的雨水只會落在遙遠的大西洋海面。

在加納利群島中，福提文土拉島最靠近非洲，這一點從島上的沙丘就能猜到。長達72公里的火山海灘幾乎被沙覆蓋，山羊和駱駝在風中泰然自若地緩緩前進。從摩洛哥引進這些動物，是要協助島上的農民耕種。其實很久以前，福提文土拉島並沒有這麼貧瘠，還曾被稱作加納利群島的糧倉。但那個時代已經遠去，如今只能從風車遺址看出往日盛況。島上現在種植蘆薈賴以出口，這種加納利群島原生植物有很好的舒緩功效。當地人也會採收寄生在仙人掌上的胭脂蟲，當作口紅的染劑賣給化妝品業。此外，拜島上的畜牧業之賜，群島中的頂級起司就是這裡出產的。

如今單峰駱駝不只是觀光景點，也是最適合到內陸探險的交通工具。內陸地區通常都受到保護，像是加納利群島的原住民關契斯人（guanches）視為聖山的廷達亞山（Montaña de Tindaya），已經被聯合國教科文組織列為生物圈保留區。直到40年前島民才開始發展旅遊，在不危害島上生活節奏與美景的前提下增加收入，一年到頭魅力不減，在喜歡到無人海灘上放鬆的人與衝浪愛好者之間非常熱門。但是當卡利馬狂風開始肆虐，乘著小帆船在大西洋上乘風破浪，會是令人血脈賁張的身心考驗。

公元1405年，法國水手尚·德貝當古（Jean de Bethencourt）歷經顛簸的航行後，一上岸就大喊：「真是驚險的旅程（Que fuerte aventura）！」西班牙語中「fuerte viento」是強風的意思，因此賦予了這座島嶼的名字：福提文土拉（Fuerteventura）。

88-89 迷人的普雷塔斯村已不再出海的小船旁，有一座向漁民致敬的雕像。

89 上 美麗的海灘連到長達72公里的海岸線。由於很靠近非洲大陸，氣候乾燥、陽光充足。

89 下 福提文土拉島是水上運動愛好者的聖地。每年都有許多衝浪手想征服大西洋的洶湧巨浪。

90-91 這座島曾是加納利群島的糧倉，一片綠意盎然。如今主要種植蘆薈與採收胭脂蟲，兩樣都是熱門的化妝品原料。

91 上 在最近一次火山爆發中形成的吉的耶利亞火山口遺址（Caldera de Gairia）與同名的自然景點，都位於島嶼南部地區。

91 下 法國水手尚·德貝當古在 15 世紀初建立貝坦庫里亞村（Betancuria），這裡有四年曾是島上的行政和宗教中心。

聖文森特島

維德角共和國·維德角群島

非洲回憶與法多抒情樂交織而成的混血樂風，飄揚在故鄉明德洛港灣

她的綽號是「赤腳天后」，16歲就從水手那學到充滿悲傷、慾望與懷舊之情的旋律，那也是她生平第一首摩娜悲歌（morna）。國際知名女歌星西莎莉亞·艾芙拉（Cesária Évora）絕對是最出名的維德角人，她對自己的出身非常自豪，經常強調自己出生在聖文森特島，還註明是首府明德洛（Mindelo）的葡萄牙區。明德洛是群島中文化與藝術活力的來源，這是過去住在這裡的葡萄牙殖民統治者、阿拉伯商人，以及被奴役的非洲沃洛夫族人（Wolof）相互通婚的結果。雖然過程非常艱辛，卻促成了今日的盛況。

位於宏偉海灣內的明德洛港呈完美的半圓形，顯然是沉入海中的火山口。怪不得幾

世紀以來，從歐洲橫渡大西洋到美洲的船隻，都以它為停泊站。現在它依然是三大洲之間的平衡點：仿造歐洲城市里斯本的貝倫塔（Belém）打造海塔，守護海港；人口多半有非裔特徵；慶典期間，24小時都有音樂一路「飄蕩」到南美巴西，很像里約熱內盧的嘉年華。

明德洛市非常擁擠，處處都是殖民遺址，像是森嚴的堡壘、外牆被海風侵蝕得斑駁的殖民屋宇，以及陳列著一袋袋香料的傳統市場。但聖文森特島其它地方則是完全不同的風貌，擁有幾乎處於原始狀態的自然景觀，包括死火山、暗藏漁村的舒適岩灣，以及無人海灣。像是大灘（Praia Grande）與北灘（Praia do Norte）這兩座半月型金色沙灘，背靠綠山（Monte Verde）的陡峭山坡與Goa住宅區。

還有經常舉辦音樂節的貓灣（Baía das Gatas），這裡的大西洋海水呈現翡翠與藍綠色，晶瑩剔透，將加勒比海的魔力和浪濤一起打上岸。汪洋中央這座加勒比海島依然很「非洲」，保留過去卡拉維船和航海時代的傳統民風，甚至還沒注意到剛下船的遊客。

92 明德洛幾世紀以來作為貿易交會點，發展出充滿活力的文化氛圍，其中又以摩娜悲歌最具代表性，由當地歌后西莎莉亞·艾芙拉將這種音樂流派推上國際舞臺。

92-93 荒涼的大灘靠近卡廖鎮（Calhau），金色的細沙散布在黑色的熔岩間，就像很久以前火山爆發形成的月球景色。

基本概況

- 國家：維德角共和國
- 面積：227 平方公里
- 距離本土：570 公里，從塞內加爾海岸算起
- 人口：7 萬人
- 首府：明德洛
- 氣候：乾燥的熱帶型氣候，全年平均氣溫攝氏 24 度，8-10
  月有暴風雨
- 語言：葡萄牙語、維德角克里奧語
- 通行貨幣：維德角盾（Cape Verde Escudos，CVE）

聖文森特島

基本概況
- 國家：肯亞
- 面積：18 平方公里
- 距離本土：0.5 公里
- 人口：1 萬 2000 人
- 首府：拉木
- 氣候：赤道型氣候，7,8 月和 11-2 月較涼爽
- 語言：斯瓦希里語
- 通行貨幣：肯亞先令（Kenya shilling，KES）

拉木島

拉木島

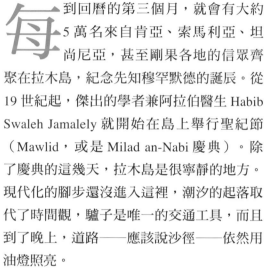

拉木島

肯亞‧拉木群島

從肯亞最古老的港口啟航至今，單軌帆船迎風招展已逾千年

每到回曆的第三個月，就會有大約5萬名來自肯亞、索馬利亞、坦尚尼亞，甚至剛果各地的信眾齊聚在拉木島，紀念先知穆罕默德的誕辰。從19世紀起，傑出的學者兼阿拉伯醫生 Habib Swaleh Jamalely 就開始在島上舉行聖紀節（Mawlid，或是 Milad an-Nabi 慶典）。除了慶典的這幾天，拉木島是很寧靜的地方。現代化的腳步還沒進入這裡，潮汐的起落取代了時間觀，驢子是唯一的交通工具，而且到了晚上，道路——應該說沙徑——依然用油燈照亮。

拉木島的迷人之處在於保存最完整的古蹟遺址。這座島建於14世紀，歷經阿曼人、葉門人、印度人、班圖人、葡萄牙人，最後是維多利亞時代的英國人殖民統治，它與占吉巴島保留了肯亞最古老的城市，而且據說孕育出了斯瓦希里語（Swahili），成為阿拉伯與東非通行的海上貿易語言。

2001年，聯合國教科文組織將占地16公頃的拉木古城列為世界遺產，可見這些建築有多珍貴，需要加強保護。城堡和房屋等建築多半都以珊瑚石或紅樹林木材建成，每個入口都以雕像裝飾。

走過各式各樣的傳統店舖，穿過狂風吹襲的巷弄街尾，探索這座古城。但最精采的，還是它的歷史與文化遺產。島上大約有20座清真寺，還有像謝拉（Shela）這樣風景如畫的漁村，除了有觀光設施，也附帶迷人的金色沙灘。遊客可以駕單桅帆船（dhow，古代的拉丁帆船）出航，遊覽整個群島、曼達島（Manda），以及絕不能錯過的基瓦尤島（Kiwayu）。基瓦尤島上長滿高大的猴麵包樹，還有肯亞最美麗的海灣。

94-95 離拉木城不遠的謝拉海灘酒店林立，飽受海風吹襲。要遊覽附近的曼達島和基瓦尤島，就要從這裡出發。

95 拉木城的現代樣貌。老城區清真寺眾多，還有以珊瑚石打造的建築，被聯合國教科文組織宣布為世界遺產。

占吉巴島

坦尚尼亞・占吉巴群島

倘佯在石頭城中心，尋覓過去蘇丹與海上商賈的祕徑

住在占吉巴島的人都認識米圖先生（Mr. Mitu），這個名字已經成為傳奇。他的辦公室位於石頭城（Stone Town）的非洲電影院前，可不要被破爛的門面給騙了，這個人其實很富有。因為他想到為島上的香料植物規劃行程，親自陪同旅客遊覽著名的香料花園尚巴（shamba）。到占吉巴島旅遊，一定要來一趟香料之旅，這裡不只是世界主要的丁香產地，胡蘿蔔籽、荳蔻與肉桂與鹽分充分混合，讓空氣中飄著醺醺然的氣味，和迷幻藥有同樣的效果。

這座群島中最大的島嶼正式名稱是安古迦島（Unguja），一般通稱占吉巴島。它今日的名氣主要歸功於美麗的海灘與海域，輕

巧的單桅帆船在岸邊整齊地排成一直線。島上的富饒歷史大多來自香料（還有象牙與奴隸）交易，促使各色人種上岸，從波斯人到阿曼人，從班圖人到印度人甚至歐洲人。光是這些因素，就足以將這座島塑造成東非數一數二的文化和藝術鎔爐。

因此無論是喜歡跑海灘，還是追求美與知性刺激的旅客，占吉巴島都能滿足這些需要。海灘愛好者可以從奴威（Nungwi）、馬特姆維（Matemwe）、基維加（Kiwenga）和基濟卡濟（Kizimkazi）等海灘中選擇，這裡不過列舉其中幾座，每個都各有特色。也可以搭船前往附近綠樹叢生的朋巴（Pemba）與瓊碧嶼（Chumbe）等數不清的衛星小島，它們都位於海洋公園中，園內的礁堡讓這裡成為最佳的潛水地點。

追求美感和知識饗宴的人，將難以抗拒石頭城裡為數眾多的歷史建築。每一面古牆都帶有魔力，訴說由蘇丹、宮中妻妾與海上商賈上演的故事，說也說不完。還可以漫步市場，踏入著名的木雕工坊，臣服於城市的聲音。這些聲音帶著斯瓦希里語特有的輕快旋律，能帶你到很遠的地方，飄洋過海，回到那塊黑色大陸的莽原。

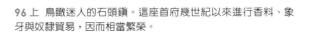

96 上 鳥瞰迷人的石頭鎮。這座首府幾世紀以來進行香料、象牙與奴隸貿易，因而相當繁榮。

96 下 當地單桅帆船的帆被風吹滿，乘風破浪。

96-97 鳥瞰海岸，更能好好欣賞占吉巴島與周遭島嶼的美景。以瓊碧島為例，它的珊瑚礁堡受到海洋公園的保護，租下生態小屋就能展開探索之旅。

基本概況

- 國家：坦尚尼亞
- 面積：1638 平方公里
- 距離本土：35 公里
- 人口：120 萬人
- 首府：石頭城
- 氣候：赤道型氣候，6-10 月較涼爽
- 語言：斯瓦希里語
- 通行貨幣：坦尚尼亞先令（Tanzanian shilling，TZS）

占吉巴島

基本概況

- 國家：葛摩聯盟
- 面積：1148 平方公里
- 距離本土：420 公里，從莫三比克海岸算起
- 人口：34 萬 5000 人
- 首府：莫洛尼
- 氣候：熱帶型氣候，全年平均氣溫攝氏 25 度，5-10
　　　　月是乾季
- 語言：阿拉伯語、葛摩語、法語
- 通行貨幣：葛摩法郎（Comorian Franc，KMF）

大葛摩島

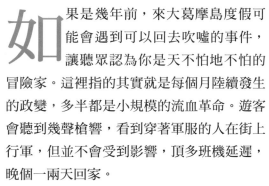

大葛摩島

葛摩群島

香水樹的芬芳悄悄滲入港口後蜿蜒的古城巷弄

如果是幾年前,來大葛摩島度假可能會遇到可以回去吹噓的事件,讓聽眾認為你是天不怕地不怕的冒險家。這裡指的其實就是每個月陸續發生的政變,多半都是小規模的流血革命。遊客會聽到幾聲槍響,看到穿著軍服的人在街上行軍,但並不會受到影響,頂多班機延遲,晚個一兩天回家。

如今政治情況已有所改善,但這座位於印度洋和莫三比克運河間、群島中面積最大的島嶼,仍然是追求刺激的冒險勝地。島上三分之二的土地由卡塔拉火山(Karthala Volcano)占據,這座 2361 公尺高的活火山有龐大的火山口,而且在 19 到 20 世紀之間,爆發超過 20 餘次,最後一次是在 2006 年。

這座巨大的火山賦予了大葛摩島(當地斯瓦希里方言稱為 Njazidja)優美的地貌、肥沃的土壤與熱帶森林,還有香草和香水樹園。火山爆炸性的特色同樣也影響了居民,當地人口主要是秉性伊斯蘭教的阿拉伯裔,因此觀光產業並未過度開發,島嶼仍保有鮮明的特色。密特沙米烏利(Mitsamiouli)和豐布尼(Foumbouni)只是島上眾多海灘中,棕櫚林立、最負盛名的兩座海灘,島上還有許多景點。喜歡健行的人可以到原始叢林和山間小徑來一場冒險,或是到許多地方回顧群島的歷史文化、貿易背景與宗教傳統。日落時分,漫步在宗教聖地般的首府莫洛尼(Moroni),聆聽港灣退潮的浪濤聲,配上召告禱禮的呼喚,光是這樣就不枉此行。

98-99 葛摩群島位在印度洋上,大葛摩島是它的主島,擁有迷人的海灘,但至今仍鮮少有國際旅客。

99 熱帶海岸常見的紅樹林有一半都泡在水中,保護土壤免受侵蝕。

100 在首府莫洛尼的舊城中心，一個小孩從傳統的雕花木門往外看。過去幾世紀，這座島被分割成無數個蘇丹國。

100-101 某個蘇丹王國的阿拉伯開拓者在 10 世紀建立首府莫洛尼，與占吉巴島維持密切的貿易關係。

102-103 一群葛摩島婦女穿著傳統服飾，將泥膏和蔬果色素塗在臉上，防止紫外線直接照射皮膚。

103 一位男子正在從猴麵包樹中汲水。它的樹葉能儲存水分，是真正的天然水源，還富含養分、有療癒能力，因此這種龐大的植物被稱為「神樹」、「藥樹」，甚至「生命之樹」。它真正的名字可能源自「Bu-Hibab」，阿拉伯文意思是「種子眾多的果實」。

普拉蘭島

塞席爾群島

外型性感的海椰子遍布全島，完整展現塞席爾風情

海椰子重達 15 公斤，是所有樹生植物中果實最重的，它的外觀很像女性恥骨，非常挑逗人；開出來的花梗卻正好相反，類似男性生殖器。據說海椰子樹只在暴風雨的夜晚交配，交配結晶需要 10 年左右成熟。不管是否有機會見證「植物雲雨」，這種棕櫚都是自然界的奇景，到迷人的馬埃谷地（Vallée de Mai）就能見到。馬埃谷地被聯合國教科文組織列為世界遺產，位於普拉蘭島的心臟地帶。這座島經常被比喻為伊甸園，它是塞席爾 115 座小島中的第二大島，擁有世界上最精采刺激的奇觀。

群島分成「外島」與「內島」兩個部分。外島多半是無人居住的珊瑚小島，而普拉蘭島屬於內島，和群島中的幾座島嶼一樣，島上找到了類似傳說中的岡瓦納大陸（Gondwana）的地質特徵。黑色花崗岩在海浪和海風的沖刷吹拂下非常光滑，刻劃出印度洋最美的幾座海灘，不只是旅客逃脫現實的好去處，巨大的海龜也會上岸產卵。島上最知名的海灘是拉齊奧灣（Anse Lazio）和喬治特灣（Anse Georgette），海灘的細沙在陽光下呈現粉色調，大海則由各種藍色調合而成。普拉蘭島每座海灣都有壯麗的景致，也幾乎都有寧靜的度假村，讓遊客光著腳也能享受奢華的服務。

如果只來普拉蘭島游泳，那就太可惜了。除了海域，這裡還有蔥鬱的森林，盛開的蘭花、長像原始的肉食植物和樹木，空中各種海鳥一起住在群島中的無人島上。此外，塞席爾政府定出全球最嚴格的環保法規，只鼓勵生態之旅，放棄可觀又好賺的收入，著眼未來，以具體的方式支持永續發展。

104 一間別緻的旅館藏身在黃金海岸（Cote d'Or）的綠林中，俯瞰普拉蘭島十座海灣的其中一座：沃爾伯特灣（Anse Volbert）。塞席爾一共有 115 座島嶼，普拉蘭島是第二大島。

104-105 平滑圓潤的花崗岩散布在粉色的珊瑚沙海灘上。這張經典的風景明信片，出自這座充滿異國風情又奢華的海岸伊甸園。

基本概況

- 國家：塞席爾共和國
- 面積：38 平方公里
- 距離本土：1505 公里，從索馬利亞海岸算起
- 人口：6500 人
- 首府：大港（Grand Anse）
- 氣候：熱帶型氣候，12-3 月西北季風盛行，6-9 月吹東南
  季風，4-5 月和 10-11 月最熱（海面也最清澈）
- 語言：法語、英語、克里奧語
- 通行貨幣：塞席爾盧比（Seychelles rupee，SCR）

▶普拉蘭島

106-107 綠意盎然的美景是馬埃谷地自然保護區的主角。普拉蘭島的心臟地帶有一片椰子林,那裡物種繁多,因為全國對環境保護有嚴格的規範。

107 保護區的鳥類七彩繽紛,像紅雀(Red Fody)就有一身明亮的羽毛。塞席爾各個島嶼龐大的生態系統與永續發展計畫,吸引了具有環保意識的菁英遊客。

基本概況

- 國家：馬達加斯加
- 面積：312 平方公里
- 距離本土：847 公里，從莫三比克海岸算起
- 人口：6 萬 500 人
- 首府：艾爾維（馬拉加西語的名字是安多尼〔Andoany〕）
- 氣候：溼熱的熱帶型氣候，3-10 月是乾季
- 語言：法語、馬拉加西語
- 通行貨幣：阿里亞里（Ariary，MGA）

伯島

伯島

馬達加斯加·米齊屋群島

坐擁碧綠火山湖與茂密森林的「大島」

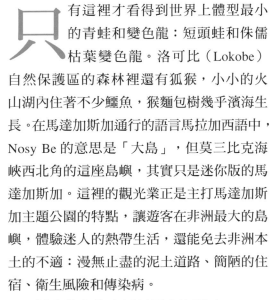

只有這裡才看得到世界上體型最小的青蛙和變色龍：短頭蛙和侏儒枯葉變色龍。洛可比（Lokobe）自然保護區的森林裡還有狐猴，小小的火山湖內住著不少鱷魚，猴麵包樹幾乎濱海生長。在馬達加斯加通行的語言馬拉加西語中，Nosy Be 的意思是「大島」，但莫三比克海峽西北角的這座島嶼，其實只是迷你版的馬達加斯加。這裡的觀光業正是主打馬達加斯加主題公園的特點，讓遊客在非洲最大的島嶼，體驗迷人的熱帶生活，還能免去非洲本土的不適：漫無止盡的泥土道路、簡陋的住宿、衛生風險和傳染病。

抵達伯島的安巴托羅卡海灘（Ambato-loaka）後，看到吃住全包的度假村你可能會有點失望，因為這裡最道地的非洲體驗，竟然是歡迎派對上的火烤瘤牛排。儘管多數遊客寧願待在「安全的」度假村，頂多跟著導遊出去小小冒險一番。但是伯島絕對能提供最刺激的非洲體驗，首府艾爾維（Hell-ville，意思是地獄鎮）雜亂無章又殘破的殖民建築，面對停滿浮架獨木舟的擁擠港口；內陸的森林則種滿香草、咖啡和香水樹。其中一座翁鬱的森林裡，藏著歷史悠久的外國村落——早已被遺忘的印度－阿拉伯城市安波諾羅（Ambonoro）。

伯島不但有景色優美的內陸，也是探索周遭島嶼的出發點，每座小島都有白色沙灘與清澈的海水。康巴島（Komba）上有狐猴與獼猴，伊蘭加島（Iranja）則是一座雙子島，帶狀沙地連接兩塊火成岩陸地，隨著潮汐起伏若隱若現。最後千萬別忘了到米齊屋群島的珊瑚礁潛水和釣魚，等於是在非洲大陸的中心，展開「五大」動物的狩獵之旅。

108-109 退潮時，伯島海岸有一條沙地會浮出水面，連接兩邊的小島，形成伊蘭加島。由於海龜會在這裡產卵，又稱為海龜島。

109 漁民駕著當地常見的平衡體舟，揚起風帆準備出海。伯島坐擁印度洋美麗的海景，島上還藏著 11 座火山湖。

留尼旺島

法屬海外行政區·馬斯克林群島

這座混種美地在汪洋大海中，以堅固的城牆守護火山能量

「我的島，你以天堂所有聖人為村莊命名作為保佑。」賈桂琳·法瑞荷（Jacqueline Farreyrol）以熱情的歌聲，詮釋留尼旺島的混合音樂。歌中所指的聖人包括聖丹尼斯（島上首府之名）、聖瑪麗、聖蘇珊娜、聖吉爾和聖伯努瓦等等，最近還蓋了一座教堂獻給聖埃克佩迪（St. Expédit），最後也是最崇高的一位。然而，這位聖人其實是虛構人物。當時有一箱古文物從法國運來，上面蓋著「Expédit le⋯⋯」的郵戳載明裝運日期，島民喜出望外，於是創造出這位聖人。不過，留尼旺島確實需要聖人大軍，幫它對抗波濤、暴風與大火，這些元素把島嶼當作競技場激烈交鋒，共同塑造出這塊土地。歐洲人、印度人、中國人與

非洲人等人種複雜的島民說，要掌握島嶼精神，就必須深入內陸。「深入」說來簡單，其實是一場耗時費力的攀登之旅。沿著火山森林道路（Route Forestière du Volcan）曲折迴旋的山路往上走，沿途景觀從熱帶植物轉成高山植物，從甘蔗園變成蒼鬱的森林，更上雲霄，壯觀的熔岩形成黑色的高山景緻。但是要先穿過所謂的「沙地平原」（Plaine des Sables），才能攀登留尼旺島三座火山中的任一座：高達 3070 公尺且最古老的內日峰（Piton des Neiges），以及馬伊杜峰（Piton Maïdo）與福奈茲峰（Piton de la Fournaise）。福奈茲火山依然蓄勢待發，經常噴出濃煙和火山礫。

這三座巨山最近被聯合國教科文組織列為世界遺產，成為熱門景點，吸引了登山客，也因為沿岸的玄武岩峭壁比黑色火山礫形成的海灘更引人注目，吸引了想到海邊度假的旅客。布康卡努（Boucan Canot）的海灘是其中最受歡迎的，沿岸有一整排椰子樹與時髦夜店，就像 9700 公里遠的蔚藍海岸一角，漂到了印度洋上這座島嶼。留尼旺島到巴黎也是同樣的距離，那座島上稱為「母國」的繁華之都。

110 烏雲密布的天空預告，森林內巨大的蕨類植物將受暴風雨洗禮。島嶼中心高達 3070 公尺的內日峰上，由高山灌木取代熱帶植被。

110-111 珮提村（Petit-Le）聳立於島嶼南部的曼奈潘尼海灣（Manapany）。福奈茲火山是其中一座地球上最活躍的火山，這片肥沃的地區布滿火山噴發造成的深谷。

基本概況

- 國家：法屬海外行政區
- 面積：2512 平方公里
- 距離本土：2110 公里，從莫三比克海岸算起
- 人口：82 萬 7000 人
- 首府：聖丹尼（Saint-Denis）
- 氣候：溼熱的熱帶型氣候，11-4 月是溼季
- 語言：法語、克里奧語
- 通行貨幣：歐元

留尼旺島

羅德里圭斯

模里西斯‧馬斯克林群島

Google 地球無邊藍海中的一小點，是等著被探索的小宇宙

每年 3 月的「魚祭」（Fête de Poisson）是羅德里圭斯島最重要的節日，代表捕魚季節的開始，讓居民感念大海的恩賜。在鈴鼓的節奏下跳起非洲舞，同時在岸邊架起巨大鍋灶，就地烹煮，大啖豐富的魚類料理。島上第二大節是 4 月底的「玉米節」（Fête de Maïs），以感謝大地之母賦予收成。

對馬斯克林群島中地處偏遠的小島來說，這兩個節日至關重要，島民根據過往經驗知道，他們的福祉仰賴海洋與大地的恩賜。即使現在從模里西斯來的貨船每個月有三次會到首府馬蒂蘭港（Port Mathurin），補充島上的汽油、藥物、現代物資與設施。模里西斯本土不過就在 560 公里外，每天都

有小飛機載著遊客，來到號稱「印度洋中最純樸的中轉站」。

不過它並不想要出名，它以本色為傲。它不像其他姊妹島嶼一樣，在外資下興建大型度假村，光鮮亮麗卻矯揉造作。這座小島選擇自建自治，同時也願意對遠渡重洋而來的識貨遊客，展現它純樸的美。

你不必是自然主義者，也可以看出羅德里圭斯島的特別之處。它的潟湖像調色盤一樣，色調從淡淡的碧綠到濃厚的深藍，而且受礁岸保護，彌補它缺乏特有物種的缺點。山谷的陸地生態也極具吸引力，珍貴的帕塔特石窟（Caverne Patates）宛如地下聖壇，鐘乳石和石筍林立，另外還有長滿椰子樹與檉柳樹的可可島（Île aux Cocos），以稀有海鳥棲地著稱。但羅德里圭斯島最重要的寶藏，絕對是以 17 世紀探險家弗杭絲瓦‧里貴特（François Leguat）為名的「巨型陸龜洞穴保育區」（François Leguat Giant Tortoise and Cave Reserve）。科學家從馬達加斯加與阿達伯拉環礁（Aldabra atoll）引進在 18 世紀滅絕的巨型陸龜，至今已繁衍到 300 隻，足以形成侏羅紀公園效應！

112 羅德里圭斯島地處偏遠，因此首府馬蒂蘭港的混血文化得以保存。

112-113 聖弗杭絲瓦海灘擁有遼闊的沙地，跟大部分的海灘一樣位在島嶼最東邊，南岸是風帆衝浪的好去處。整座島幾乎完全被礁堡圍住，形成一座巨大的潟湖。

基本概況
- 國家：模里西斯共和國
- 面積：108 平方公里
- 距離本土：2816 公里，從莫三比克海岸算起
- 人口：4 萬人
- 首府：馬蒂蘭港
- 氣候：熱帶型氣候，11-4 月氣溫攝氏 28-35 度，其它時候
  則是 18-27 度
- 語言：英語、法語、克里奧語
- 通行貨幣：模里西斯盧比（Mauritian rupee，MUR）

▼羅德里圭斯

基本概況
- 國家：印度
- 面積：4 平方公里
- 距離本土：459 公里，從喀拉拉邦（Kerala）沿岸算起
- 人口：7500 人
- 首府：阿格蒂
- 氣候：熱帶型氣候，潮溼有雨季，全年平均氣溫攝氏 27 度，
  全年溼度 70-75%，11-4 月是乾季
- 語言：馬拉雅蘭語（Malayalam）、英語
- 通行貨幣：印度盧比（Indian rupee：INR）

▶阿格蒂島

阿格蒂島

印度·拉卡迪夫群島

印度最小州女人群島中，有待發掘的潛水天堂

愛斯基摩人會用許多辭彙來稱呼雪，拉卡迪夫群島的居民遇上椰子也是一樣。椰子樹斜斜地長在整座島上，他們發展出豐富的辭彙來描述椰子的功用：喝它的汁液、嚼它的果肉、曬乾後用來烹煮咖哩、用樹梢纖維製作傳統的單桅帆船等各種用途。數百年來，採摘椰子與捕鮪魚都是拉卡迪夫群島的生計大業，如今這裡的經濟仰賴旅遊業。這個印度小州以非常明智的方式發展觀光，極度重視生態永續。

拉卡迪夫群島的 36 座島嶼中，只有 5 座開放外國遊客參觀，阿格蒂島又是唯一有飛機跑道的島，因此自然與潛水愛好者公認，它屬於阿拉伯海與印度洋之間，未被污染的少數幾座伊甸園。不過，阿格蒂島不只是「中繼站」，現在以珊瑚石建了度假小屋，但是只有 20 張床位，只有幸運的旅客才能體驗到迷人的群島生活。阿格蒂島面積不到 4 平方公里，美麗的大潟湖圍繞全島，

距離不遠的班加拉姆（Bangaram）、崔尼克倫（Thinnakara）和帕拉里（Parali）等小島有許多潛水地點，可以在茂密的珊瑚環礁邊緣，欣賞壯觀的海底景致。阿格蒂島有 93% 的人口是穆斯林，這裡的伊斯蘭教文化相當特殊，家庭財產透過女性繼承，顯示出婦女的地位。馬可波羅在遊記中，稱這裡為「女人群島」，他親自造訪後，更將這裡描述為世界上最寧靜而可人的地方。

114-115 阿格蒂島靠近印度半島頂端，狹長的島上沙礫與樹叢遍布，只有一面有珊瑚礁群保護，物種豐富。

115 阿格蒂島與世隔絕，只有沙灘、椰子樹、小船與偶爾出現的人影。它是拉卡迪夫群島五座開放觀光的島嶼之一，提供住宿的地方稀少，能待在島上就非常幸運了。

哈夫洛克島

基本概況

- **國家**：印度，安達曼－尼科巴聯邦屬地（Andaman and Nicobar Territory）
- **面積**：114 平方公里
- **距離本土**：192 公里，從緬甸算起
- **人口**：6500 人
- **首府**：戈文達納加（Govinda Nagar）
- **氣候**：熱帶型氣候，潮溼有雨季，全年平均氣溫攝氏 28 度、溼度 80%，10-5 月是乾季
- **語言**：印地語（Hindi）、孟加拉語（Bengali）、英語
- **通行貨幣**：印度盧比

哈夫洛克島

印度·安達曼群島

來自緬甸的海水打上印度海岸，堪稱魯賓遜式島嶼度假天堂

英國將軍亨利·哈夫洛克爵士（Sir Henry Havelock）分別在 1839 年的第一次阿富汗戰爭，與 1857 年的印度軍隊叛變中，以英勇的表現獲頒勳章。為了表彰他對王室的貢獻，倫敦的特拉法加廣場（Trafalgar Square）樹立了一尊銅像，還有一座安達曼島嶼以他為名。早在拉達時期，這群距離加爾各答 1000 里、孟加拉灣中被遺忘的島嶼曾是罪犯的流放之地，所有社會敗類都被關在這，因此又有「黑水之地」的稱呼，這個詞就算在當時也不稱不上好聽。托勒米曾說這裡是「食人群島」，馬可波羅還說，島民除了偏好食人肉，還長著「狗臉」。

對它們有初步了解後，就明白為什麼除了戴上手銬腳鍊、被強行押來的人，沒有人想踏上這些島嶼。因此直到近代，法國海洋生態學家兼電影製片雅克·庫斯托（Jacques Yves Cousteau）稱它們為「隱形之島」，世人才重新認識它們。目前這些安達曼島嶼和緬甸的墨吉群島（Mergui）一樣，是亞洲所有熱帶伊甸園中，遊客鮮少造訪的島嶼，哈夫洛克島與現代文明隔絕，卻是唯一一座印度政府允許為觀光進行現代化開發的海島，還為背包客建設生態村與度假小屋。無論是奢華假期或省錢的遊客都可以踏上迷人海灘，其中的拉達那加海灘（Radha Nagar）更在 2004 年被《時代雜誌》封為南亞大陸最美麗也最未受污染的海灘。戴上蛙鏡穿上蛙鞋，還能一探奧妙的海底世界。

這些要素就足以構成完美假期，頂多再拜訪從前的流放獄所，或是在印度旅行社推薦下，到其他島嶼一遊。加洛瓦人（Jarawa）、翁奇人（Onge）、桑提內爾人（Sentinelese）與大安達曼人等原始部族僅僅 700 名的後裔，至今仍在這些島上過著石器時代的生活。不過，目前政府與熱心人士為了保護土著的人口與倖存，拒絕發展不道德的「土著遊覽」。2004 年海嘯過後，裸體戰士對前來救援的直升機投擲手中的長矛，成為安達曼土著唯一公開的影像。

116-117 這頭大象已經適應了環境，並不怕海水。牠正好提醒我們，雖然離緬甸較近，這裡還是印度。不同族群的原始部落依然住在島上。

117 上 潮汐起落在哈夫洛克沿岸留下痕跡。這個島跟另外 500 多座島嶼在孟加拉灣最東邊，形成一個鏈狀島群，其中僅 37 座島有人居住。

117 下 哈夫洛克島位在安達曼群島首府布萊爾港（Port Blair）西北方不遠處。

龜島

泰國·蘇梅群島

距離海床僅一步之遙，沿著竹林小徑深入熱帶叢林

蘇梅島太過現代化，帕岸島（Ko Pha Ngan）又太吵。除非你是血氣方剛的青少年，只想到著名的滿月派對來一趟迷幻之旅，這兩座島不會是你的首選。這不是在打廣告，但蘇梅群島最值得一遊的是面積雖小、卻很天然的龜島。

顧名思義，這座「龜島」地形很像烏龜，又有綠色和黃褐色的玳瑁（Eretmochelys）海龜在海灘上產卵。島上沒有長駐的市鎮中心，而且直到上個世紀中葉，還是海盜的避難所。這裡過去有一段短暫的時期被當成監獄，如今收入主要來自浮潛與深潛等觀光活動。島嶼周遭的水域透明清澈，蘊藏豐富而有趣的物種，從五顏六色的小型海蛞蝓，到數量眾多的鯊魚和鯨魚。

西岸長達2公里的半月形塞瑞海灘（Sairee），與南岸的查洛伴考海灘（Chalok Baan Khao）都沒有高檔的國際度假村，只有鄉村風格的平房，提供出名的泰式服務，包括令人無法招架的笑容、香辣的泰式料理和傳統按摩。

如果你以為龜島只適合深潛或浮潛愛好者，你要知道，雖然它面積不大，還是非常適合沿著竹林小徑來一趟森林健行。此外，海灘四周的高聳沙岩，是天然的攀岩練習場。但最好有人警告遊客，卓珀洛灣（Jor Por Ror Bay）的岩石嚴禁攀爬，因為前任暹羅國王·著名的拉瑪五世（Rama V）在1899年造訪此地，並在岩石上刻下名字留作紀念。此後，這塊岩石就成為備受尊崇的聖地。

118 島上首府盤湄合（Ban Mae Hat）的街道。和附近世界知名的帕岸島（Ko Phangan）比起來，遊客最喜歡的是這裡的悠閒氛圍。哈提恩（Had Thien）、泰諾提（Tanote）與塞瑞海灘是泰國最美的海灘。

118-119 三島合一的南緣島（Ko Nang Yuan）靠近龜島西北沿岸。三座島由一條沙地相連，四周被蔚藍而碧綠的汪洋環繞。

龜島

龜島

基本概況
- 國家：泰國
- 面積：21 平方公里
- 距離本土：70 公里，從泰國東岸的萬崙府（Surat Thani）算起
- 人口：1400 人
- 首府：盤湄合
- 氣候：熱帶型氣候，潮溼，氣溫攝氏 25-32 度，12-8 月是乾季
- 語言：泰語
- 通行貨幣：泰銖

PP 島

泰國 · PP 群島

這塊碧海藍天的「微笑大地」已恢復昔日風采

無論是討論海灘的美景，或是盜版DVD的品質，泰國人嘴上都掛著這句口頭禪：「好像一樣、但又不一樣。」以此類推，依海洋的色澤、沙粒的潔白度，以及椰子樹隨風搖曳的颯颯聲來判斷，東南亞所有島嶼或多或少都很相似。但泰國島嶼並不一樣，因為它們屬於泰國人，他們將寵溺遊客視為自己的使命，竭盡所能達到超乎期待的服務水準。

事實上，PP 島確實是泰國所有島嶼中最與眾不同的。首先，它由大 PP 島與小 PP 島兩座荒島組成，加上一堆荒蕪的珊瑚礁群島，以及像噴泉一樣從大海隆起的岩柱；其次是因為國內沒有其他地方能與 PP 島相比。

這裡景觀優美，非常上鏡，很適合來一趟理想的假期，還有提供各式各樣的運動活動（從浮潛、深潛、攀岩到風箏衝浪），完全不是世俗娛樂所能比的。

許多旅遊指南與雜誌都介紹過 PP 島，實在不需要再多加著墨。而且《海灘》（The Beach）這部李奧納多·狄卡皮歐主演的電影就是在這裡拍攝，讓它成為背包客的必訪景點。短短幾年內，這座「雙子島」變成熱門又吵雜的地方。但是在 2004 年 12 月，海嘯摧毀了島上大部分的設施，也帶走許多條人命。這場災難卻諷刺地帶出正面的結果，當地居民與政府決定重振旅遊業，海嘯過後一年就建了國家公園，在招攬旅客與環境保育間取得平衡。這份努力使 PP 島恢復和過往「好像一樣、但又不一樣」的風采，成為完美的熱帶烏托邦。

120 島上的海灘在 2004 年遭到海嘯重創，目前已重建更能永續經營的觀光業。PP 島的名稱來自由 6 座島嶼組成的 PP 群島。

120-121 大 PP 島很好認，兩座綠色海岬由一條沙地相連，與小 PP 島構成 PP 群島的核心。這裡設了一座國家公園，保護海床等生態遺產。

122-123 1998 年由李奧納多·狄卡皮歐主演的電影《海灘》，在小 PP 島的瑪雅灣（Maya Bay）拍攝。

▶ PP 島

基本概況
- 國家：泰國
- 面積：大 PP 島 28 平方公里，小 PP 島 7 平方公里
- 距離本土：42 公里，從泰國西岸的甲米府（Krabi）算起
- 人口：1100 人
- 首府：通塞（Ton Sai）
- 氣候：潮溼的熱帶型氣候，氣溫攝氏 25 度 -32 度，10-4
  月是乾季
- 語言：泰語
- 通行貨幣：泰銖

▶ 蘭塔島

基本概況

- **國家**：泰國
- **面積**：180 平方公里（整個蘭塔群島）
- **距離本土**：70 公里，從泰國西岸的甲米府（Krabi）算起
- **人口**：2 萬人
- **首府**：大蘭塔島
- **氣候**：潮溼的熱帶型氣候，氣溫攝氏 25-32 度，10-4 月是乾季
- **語言**：泰語
- **通行貨幣**：泰銖

蘭塔島

泰國 · 蘭塔群島

一望無際的沙灘是海上流浪者的歸宿，更是讓人徹底放鬆的綠洲

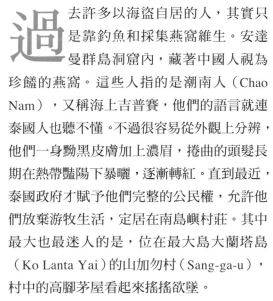

過去許多以海盜自居的人，其實只是靠釣魚和採集燕窩維生。安達曼群島洞窟內，藏著中國人視為珍饈的燕窩。這些人指的是潮南人（Chao Nam），又稱海上吉普賽，他們的語言就連泰國人也聽不懂。不過很容易從外觀上分辨，他們一身黝黑皮膚加上濃眉，捲曲的頭髮長期在熱帶豔陽下暴曬，逐漸轉紅。直到最近，泰國政府才賦予他們完整的公民權，允許他們放棄游牧生活，定居在南島嶼村莊。其中最大也最迷人的是，位在最大島大蘭塔島（Ko Lanta Yai）的山加勿村（Sang-ga-u），村中的高腳茅屋看起來搖搖欲墜。

除了海上吉普賽，信奉伊斯蘭教的泰國人、中國人和馬來人，從過去這 52 座島還是東南亞商船隊的驛站與補給站時，就定居於此。如今島嶼的經濟仰賴旅遊業，以多元民族、豐富的建築、傳統手工藝品與美食做為賣點，其他泰國島嶼根本比不上。

各色人種形成的文化氛圍為群島增添魅力，同時海面上下的大自然揮灑出最驚人的傑作，成為這裡的主要景點。包含森林、紅樹林、砂石堤防、海灘和珊瑚礁群等 134 平方公里的寬闊地區都受到國家公園的保護。

在蘭塔島度假，不但能放鬆，也很適合進行水上運動，包括獨木舟、泛舟、浮潛和深潛。當地甚至發展出浪漫的海底婚禮，每年情人節都會在大蘭塔島南岸外的克雷登島（Ko Kradan）水域舉辦。

124-125 蘭塔島的 Ozi 度假村。蘭塔島是泰國東岸的迷你群島，由小蘭塔島（Lanta Noi）、大蘭塔島組成。小蘭塔島面積較小，但設備較好。

125 康庭灣（Kan Tiang）寧靜的海灘。你可以在泰國最舒適的酒店，享受優雅又放鬆的泰式假期。

象島

泰國‧象島群島

在泰國的觀光邊陲地帶，漫步暢遊蘭花園

泰國的旅遊文宣以「最後一座荒島」來形容象島。泰國所有島嶼中，象島面積僅次於普吉島，但比這座姊妹島小得多了。象島跟其他島嶼一樣，渴望保持「祕境聖地」的形象，但早已被配備大型泳池的豪華度假村、超市和電音酒吧入侵，還好大多數的遊客並不介意便利的設施與西式娛樂。然而，象島最棒的地方，在於它不是你一般常見的熱帶小島。

象島大部分的地區、大約 50 座衛星島嶼和周遭海域，都受到「象島海洋國家公園」管理。丘陵起伏的土地上有東南亞碩果僅存的原始森林，除了 61 種鳥類、蟒蛇、

貓鼬與野豬，還有一大群所謂的「熊」獼猴，牠們毛髮濃密、身型壯碩，看起來像嬌小靈活的熊。還有從本土運來的大象，過去在橡膠園裡出力，現在則載著旅客上下山丘。這種「徒步」之旅是象島最受歡迎的活動之一，讓遊客沉浸在南塔灘瑪詠瀑布（Namtok Than Mayom）的田園風光中，而且幾乎人人都會耐不過浪漫情懷，縱身躍入水中。

傳統村落、市場、峭壁上的佛寺、蘭花園與橡膠園等等，觀光景點甚多，在象島度假絕不無聊。橡膠園還會示範如何從樹中採集乳膠，製成橡膠片。此外，最經典的觀光行程是乘坐傳統的長尾船，看看過去許多紀錄片特別介紹的熱帶海景有多壯觀。你可以潛水探索海底遺跡，例如曾被法軍擊沉的泰國皇家海軍軍艦，回顧泰國唯一一次介入二戰所引發的事件。

126 大海近在咫尺，小廟妝點著供奉神靈的花與食物，散發出神聖的氣息。這個「微笑國度」有 90% 的人信仰佛教，大自然處處瀰漫宗教色彩，深植於泰國文化中。

126-127 象島南邊的塔南灣（Hat Tha Nam）沙灘也稱為「孤單海灣」。泰國南方這座小島的天然遺產連同一群衛星小島，都受到海洋國家公園的保護。

基本概況

- 國家：泰國
- 面積：217 平方公里
- 距離本土：8 公里，從暹羅灣東岸的桐艾府（Trat）算起
- 人口：6300 人
- 首府：象島
- 氣候：潮溼的熱帶型氣候，氣溫攝氏 25-32 度，11-5 月是乾季
- 語言：泰語
- 通行貨幣：泰銖

象島

富國島

基本概況

- **國家**：越南
- **面積**：574 平方公里
- **距離本土**：15 公里，從柬埔寨海岸算起
- **人口**：9 萬 3000 人
- **首府**：陽東
- **氣候**：潮溼的熱帶型氣候，11-5 月是乾季
- **語言**：越南語
- **通行貨幣**：越南盾

富國島

越南·富國群島

以芒果與椰子調製的異國風味，淡化了魚露刺鼻的腥味

越南人和所有亞洲人一樣怕曬黑，他們在日落後才會去海邊吹吹風，與朋友喝酒聊天。如果非得在白天出門，他們會戴斗笠保護皮膚。不用說，富國島的賣點自然是島上生產的魚露（nuoc mam），一種用發酵的魚製成的調味料，當地所有美食都會用它調味。魚露的原料是一種體色透明的小魚，叫做「七星飛刀」（ca com）。牠們在島嶼周遭海域成群聚集，在小魚上灑鹽後裝桶，在太陽下暴曬數天，擠出的汁液就是魚露。和橄欖油一樣，初榨的成品最優良。不過，刺鼻的氣味會像隱形的霧氣漂在首府陽東（Duong Dong）混亂而繽紛的街頭。

過一段時間，你會習慣這種氣味，別因為這點就錯過世界上最美味的精緻佳餚：越南料理。富國島是一個度假勝地，這座全國最大島位於暹羅灣，就在宏偉的湄公河三角洲外不遠處，早在普吉島成為泰國度假勝地以前，就與它並駕齊驅。西岸的長灘（Bai Truong）綿延 20 公里，芒果樹與椰子樹搖曳生風，東岸的星灘（Bai Sao）有一片美麗的白色沙灘，大海透明清澈，而且尚未被過度開發。漁村內高腳茅屋林立，搖搖晃晃的木板路取代道路，高掛在藍天之下，形成優美的田園景色。內陸還有越南碩果僅存的森林，受到 2001 年興建的「富國島國家公園」的保護，廣植品質優良的黑胡椒。

128-129 富國島位於湄公河三角洲外，這是島上一座無人海灘。到這裡一定要到暹羅灣泡水，在懶洋洋的熱帶情調中盡情放鬆。

129 首府陽東位於島上人口較密的西岸。

130-131 漁船和船屋停在港口河道內，形成常在東南亞明信片上看到的景色。鏡頭捕捉不到的，是這些地方令人難忘的味道：魚露發酵的刺鼻臭氣，這道食材是當地美食的主角。

131 島上的農產品井然有序地陳列在陽東市場的水果攤。

蘭卡威

馬來西亞·蘭卡威群島

從空橋上觀賞亞洲大陸最令人驚嘆的熱帶雨林

為了發展觀光而建一座空橋，通常會引起生態學家的抗議，也會引發環保意識相關的輿論。但是在馬來西亞這個亞洲新興國家卻沒有這樣的問題，而且所有人都認同這是一項建築傑作。這裡指的是蘭卡威空中天橋，這條長達 125 公尺的空中步道懸掛在海拔 700 公尺的高空，中途有三座三角形瞭望臺，讓遊客在前往馬西岡山（Gunung Mat Cincang）頂峰的途中，可以欣賞蘭卡威的熱帶雨林全景，以及安達曼海美妙的色彩。

搭乘纜車抵達天橋，可說是島上最熱門的活動。蘭卡威島與鄰近的 99 座小島對有錢的亞洲遊客來說，可是最時髦的度假勝地。1987 年，馬來西亞政府宣布它為免稅區，於是首府瓜埠（Kuah，有趣的是，念起來跟當地的番茄醬同音）與珍南海灘（Pantai Cenang）度假村大興土木，建了購物中心和各種夜店，成為不折不扣的「霓虹叢林」。不過往好的方面想，至少亞洲風格的商業模式尚未入侵全島。雖然各種等級的飯店遍布，這塊土地依然有將近 1 萬公頃的森林和岩層，刻畫出風景如畫的湖泊和瀑布。由於擁有自然與地質學上的價值，蘭卡威被聯合國教科文組織列為全球地質公園（Global Geoparks Network）的一部分。

蘭卡威內陸還有許多人造景觀，從稻田到熱帶果園與花園，琳瑯滿目。島嶼四周點綴著迷人的海灘，襯著整排的椰子樹。但意外的是，這些海灘多半很冷清，因為比起大自然，馬來遊客比較喜歡去珍南海灘類似迪斯尼樂園海底世界的人工設施。如果他們能從中得到快樂，那就這樣吧！

132 上 蘭卡威空橋是一座驚險的天空步道，通往高達 700 公尺的馬西岡山峰頂，也就是蘭卡威第二高峰。

132 下 俯瞰小湖的東方村，是馬西岡山纜車的起站，也是熱門的景點。

132-133 馬六甲海峽分隔馬來半島與印尼，乘著馬西岡山纜車上升，能將海峽全景盡收眼底。

蘭卡威

蘭卡威

基本概況

- **國家**：馬來西亞
- **面積**：320 平方公里
- **距離本土**：28 公里，從馬來西亞西岸算起
- **人口**：6 萬 4792 人
- **首府**：瓜埠
- **氣候**：潮溼的熱帶型氣候，氣溫攝氏 28-35 度，9-10 月的
  雨季時有雷陣雨
- **語言**：馬來語
- **通行貨幣**：令吉（Malaysian Ringgit：MYR）

基本概況

- 國家：馬來西亞
- 面積：134 平方公里
- 距離本土：32 公里
- 人口：2650 人
- 首府：德克村（Kampung Tekek）
- 氣候：潮溼的赤道型氣候，全年平均氣溫攝氏 21-32 度，
  11-2 月是溼季
- 語言：馬來語
- 通行貨幣：令吉

▶刁曼島

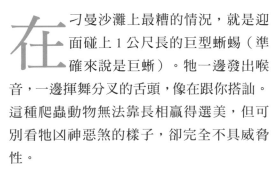

刁曼島

馬來西亞·刁曼群島

友善的蜥蜴和猴子會在猴灘騷擾不知情的泳客

在刁曼沙灘上最糟的情況，就是迎面碰上 1 公尺長的巨型蜥蜴（準確來說是巨蜥）。牠一邊發出喉音，一邊揮舞分叉的舌頭，像在跟你搭訕。這種爬蟲動物無法靠長相贏得選美，但可別看牠凶神惡煞的樣子，卻完全不具威脅性。

根據傳說，為數眾多的刁曼島巨蜥都是龍公主的後裔，她為了與未來的夫婿相見，從中國一路航行到新加坡，中途停在島上休息，卻愛上了美麗的刁曼島，決定留下長住，忘掉她的愛人。在這個前提下，這些小龍成為島嶼的一部分。這座島是馬來西亞東部最大島，也是遊客和博物學家的樂園。對這些學者來說，刁曼島是無與倫比（且脆弱）的生態實驗室，覆蓋全島的熱帶雨林，擁有豐富的陸地與海洋生物。就算不是生物專家，坐船來度過短暫的假期，看到島上蓬勃發展的大自然也會大吃一驚。雖然被列入東南亞海洋旅遊景點名單，卻仍然保持「天然」的

狀態，至少目前還是如此。現在只有寥寥幾間世界級度假村與酒店，簡便的小旅社則多半位在海邊。島上並沒有興建道路，只有少數幾條通往森林深處的步道。馬來漁民五顏六色的小船就像水上計程車，在村落或海灘之間航行，每個地方都有珊瑚礁群圍繞，非常適合浮潛。最美的是爪拉（Juara）海灣，那裡有海龜保育中心和「猴灘」。這群猴子肯定比巨蜥有趣，但牠們也很喜歡對海灘上的遊客惡作劇。

134-135 一片綠意的原始腹地。島嶼周邊有為數不多的金色沙灘，像東岸一望無際的爪拉海灘，同時也是海龜保育中心。

135 上 吸引人的岩壁、物種豐富的熱帶雨林，以及連最挑剔的旅客都會滿意的海灘和水域，來到這座東馬島嶼就別無所求了。

135 下 拜刁曼島甘甜的泉水之賜，這裡曾經有 1000 年是中國人、阿拉伯人、歐洲漁船及商船的重要樞紐。在二戰中沉沒的船艦散布在周遭的海床上。

巴里島

印尼·巽他群島

巴里島得天獨厚的優雅風情，贏得各路旅客的心，成為國際觀光勝地

印尼是世界上島嶼最多的國家，共有 1 萬 7508 座島嶼散布在 5120 公里的熱帶大洋。但是根據印尼政府的統計，在這麼多島嶼中，90% 的遊客只會選一座島作為度假場所：巴里島。你可能很好奇為什麼它能排除所有競爭對手，甚至引領潮流，讓世界各地的五星級酒店紛紛效仿巴里島風格。（雖然它們各有各的詮釋，而且多半借用詞彙。）

幾乎在畫家高更發現玻里尼西亞的同時，一群藝術家落腳於島內的烏布（Ubud）區。他們深受豐富的地景，以及居民信奉的特殊印度教所吸引。巴里島的印度教結合佛教元素，以優雅而祥和的風格，以看得見的多樣化儀式（稱為 Sekala），詮釋看不見的深層教義（稱為 Nishkala）。

對於同時喜歡物質與精神享受的遊客來說，烏布地區如今仍是熱帶版的蒙馬特（Montmartre），同時也是迷你版的印度，但印度的氣味被白素馨花（frangipani）的香味取代。而且陶冶胃口的不是極為辛辣的咖哩，而是這裡的地方佳餚：多汁的烤乳豬。此外，還有一群舞者、演員與音樂家，每週策劃大約 60 場表演，以蕾宮舞（legong）和猴舞（kecak）詮釋《羅摩衍那》史詩的情節，還會上演皮影戲。演出的地方也很講究，不是在優美的蓮花湖前，就是寺廟與皇宮前。巴里島的海域風強水急，大部分都不適合游泳，卻是衝浪的好地方。澳洲旅客飛三個小時就可以抵達，因此將這裡視為「夏威夷」，他們都聚集在寬廣的庫塔海灘（Kuta）或武吉角（Bukit cape）的衝浪地點。

然而，海洋不過是壯麗的畫框，框住這個充滿異國風情、令人輕鬆自在的度假勝地。在水明漾海灘（Seminyak）的豪華舞池內盡情擺動，或是沉浸在東北海灣的浪漫氛圍中，這裡也是熱門的蜜月景點。無論如何，巴里島會讓每個人都感受到它的奇特之處。

136 巴里島東部風景如畫的稻田、梯田與椰子樹。印尼 90% 的旅遊收入都來自巴里島，當地還發展出特有的度假風格。

136-137 除了花園景觀，還有安拉普拉鎮（Amlapura）附近的蒂塔岡加水宮（Tirtagangga Water Palace），意思是「恆河之水」，指的是島上信奉的印度教儀式。

基本概況

- 國家：印尼
- 面積：5780 平方公里
- 距離本土：1639 公里，從新加坡算起
- 人口：355 萬人
- 首府：登帕薩（Denpasar）
- 氣候：熱帶型氣候、全年平均氣溫攝氏 21-31 度，10-3 月
  是溼季
- 語言：印尼語，巴里語
- 通行貨幣：印尼盾

▼ 巴里島

138 傳統舞蹈是巴里島文化的重心，隨處可見，源自印度教神話羅摩衍那。這些神話又啟發各種舞蹈，其中最有名的是雷貢舞和猴舞。

138-139 壯麗的海神廟（Tanah Lot）是巴里島典型的海廟，建在西南外海一座小岩石上，只有退潮時能夠進出，是印尼島最常上鏡的地點。

140 上 庫塔海灘上的衝浪者頂著衝浪板，準備駕馭風浪。巴里島以各種衝浪點聞名，像是夢幻島（Dreamland）、巴朗甘（Balangan）、巴東巴東（Padang Padang）與烏魯瓦圖（Uluwatu）海灘。島上的衝浪條件理想，尤其 10-4 月是最適合的季節。

140 下 岩角圍住了白色海灘。不過，巴里島的海岸並非一成不變，北岸的羅維納海灘（Lovina）就以黑色沙灘與可以賞鯨豚而聞名。

141 位於巴里島最南端的努沙杜瓦海灘（Nusa Dua）。平靜的水面與潔白的細沙使這裡成為最受歡迎的海上旅遊樞紐，而且離國際機場也不遠。

布納肯島

印尼・巽他群島

五顏六色的海蛞蝓和 2500 種魚類，在萬花筒般的珊瑚礁中穿梭

深潛愛好者按照技巧、在水中的時間長短，以及經常造訪的潛水地點分類。然而，連老手也同意，潛水的最高境界終究是內心的平安，而不再用遇見多少次大型或危險魚類，來衡量每次體驗的滿意度。簡而言之，要在潛水課中有好的表現，就得注意非常微小、幾乎是微型的世界，或是套用攝影界的說法，視野從近距離回到真實大小時，事物的完整樣貌。

所有合格的深潛者都知道在蘇拉威西島（Sulawesi，印尼最大的島嶼之一）北岸，垂直的珊瑚牆圍住一小塊地方，那就是世界上最優質也最方便的潛水地點之一。生物茂密繁衍，像是一座人口稠密的中國大都市。這裡指的就是布納肯島，島上有一座深達

2000 公尺的同名海洋公園，海水溫暖透明，孕育出地球上最複雜的海洋生物多樣性：70 種珊瑚、2500 種魚類（70% 都棲息在西太平洋地區）、數量相當的海蛞蝓，以及一種亞目類軟體動物，它的外形古怪而俗麗，使它成為最上鏡的海洋動物。事實上，嬌小的海蛞蝓才是這裡的超級巨星。

這座海洋公園於 1991 年成立，面積有 890 平方公里，其中只有百分之三位在陸地上，除了布納肯島，還包括老美娜多島（Manado Tua）、曼特哈各島（Mantehage）、納因島（Nain）與希拉登島（Siladen）。

登上布納肯島後，待在沿岸潛水小屋的旅客很快就會發現，陸地上的環境也很值得探索。原始森林與紅樹林盤據其中，還擁有完美的社會縮影，基督徒與穆斯林在同一村落和平共處，當地人成功地保存了傳統生活方式，結合漁業與旅遊業。尤其因為這座島持續在實驗生態永續發展模型，印尼政府選中這裡建造群島中最大、效能最高的太陽能發電廠。

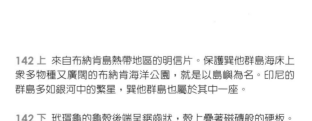

142 上 來自布納肯島熱帶地區的明信片。保護巽他群島海床上眾多物種又廣闊的布納肯海洋公園，就是以島嶼為名。印尼的群島多如銀河中的繁星，巽他群島也屬於其中一座。

142 下 玳瑁龜的龜殼後端呈鋸齒狀，殼上疊著磁磚般的硬板。這種動物喜歡待在富含海綿動物的海床上。

142-143 在布納肯的米納哈薩（Minahesa）大教堂，龐大的基督徒社群與穆斯林社群和平共處，後面是美娜多 2 號島的火山山坡。

基本概況
- 國家：印尼
- 面積：8 平方公里
- 距離本土：從新加坡算起 2333 公里，從蘇拉威西島的馬
  納多算起 18 公里
- 人口：2800 人
- 首府：布納肯
- 氣候：赤道型氣候，3-10 月是最乾季
- 語言：印尼語
- 通行貨幣：印尼盾

▶布納肯島

巴拉望

菲律賓·巴拉望群島

想來點意外驚喜？那就乘著橡皮艇探索地下的喀斯特洞穴

首先要說個壞消息：巴拉望（這裡指的是兩大主島，外加周邊超過1700座小島和珊瑚礁）有劇毒的眼鏡蛇與8公尺長的蟒蛇出沒。說到體積大小，當地特有的蠍子長達18公分，也同樣危險。更糟的是，在溼季，部分地區蚊蠅氾濫，牠們可是最危險的瘧疾媒介。

雖然這對喜歡冒險的人來說反而更刺激，不過，接下來提到的優點將讓你忘記所有缺點。這座群島是菲律賓最遼闊的省份，也是全國最和平的地方，遠離本土的政治紛爭，犯罪率極低。2000公里長的海岸線連接蘇祿海（Sulu Sea）與南中國海，細分成

一座座純白沙灘、迷宮般的紅樹林，以及珊瑚礁上欣欣向榮的植被。群島還包括占地1萬1000平方公里的礁堡，位在圖巴塔哈群礁海洋公園（Tubbataha Reef Marine Park）內，被聯合國教科文組織指定為世界遺產。這座擁有罕見美景的海底世界物種繁多，是地球上海洋生物最豐富的環境之一。

大部分的遊客會選擇去愛妮島（El Nido），這座巴拉望島北端岩岸的村落過去是漁村，如今成為通往其它美麗島嶼和潟湖的首站，深潛、浮潛和划獨木舟等海上活動還只是部分景點。島內棋盤式的熱帶雨林受到保護，孕育出驚人的動植物，還有Tagbanwa、Palawano、Taaw't bato 與 Batak等部落，提供精采的部落健行之旅。

距離首府普林塞薩港（Princesa）大約12公里的普林塞薩港國家公園，擁有壯觀的地底喀斯特地層。一條地下河流流經岩洞的鐘乳石和石筍，小艇中的遊客用火把照亮洞窟，這些結構就會呈現魔法城堡般的風貌。光是這般景色，就值得一遊。

144 從這個角度鳥瞰，這座海灘點綴了巴拉望島。島嶼的水域受圖巴塔哈群礁國家公園保護，被聯合國教科文組織列為世界文化遺產。

145 靠近愛妮島漁村，筆直的峭壁與雨林中蘊藏碧綠的海灣與潟湖，是主要的旅遊景點，別忘了還有海床上的風光。

基本概況
- **國家**：菲律賓
- **面積**：1 萬 4896 平方公里
- **距離本土**：198 公里，從馬來西亞婆羅洲的亞庇市（Kota Kinabalu）算起
- **人口**：68 萬 2152 人
- **首府**：普林塞薩港
- **氣候**：赤道型氣候，3-10 月是最乾季
- **語言**：菲律賓語、巴拉望方言、英語
- **通行貨幣**：菲律賓披索

▶巴拉望

146 大自然在菲律賓群島以千百種姿態呈現：像在退潮時分與粼粼海水中，浮現出蜿蜒細長的珊瑚沙線。

147 潮水在珊瑚礁間不斷沖刷，畫出了一幅人臉，兩座潟湖是眼睛。這個地點在巴拉望首府普林塞薩港附近，就在菲律賓首都馬尼拉東南方306 海里處。

基本概況

- **國家**：菲律賓
- **面積**：10 平方公里
- **距離本土**：從馬尼拉算起 350 公里，從越南沿岸算起 1020 公里
- **人口**：1 萬 2000 人
- **首府**：開格班（Cagban）
- **氣候**：熱帶型氣候，10-5 月是最乾季
- **語言**：菲律賓語、塔加路語、阿克蘭語、英語
- **通行貨幣**：菲律賓披索

長灘島

長灘島

菲律賓・班乃群島

這座年輕的菲律賓小島充滿無限潛力，各種運動活動絕不會讓你無聊

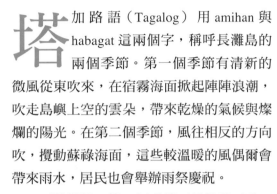

塔加路語（Tagalog）用 amihan 與 habagat 這兩個字，稱呼長灘島的兩個季節。第一個季節有清新的微風從東吹來，在宿霧海面掀起陣陣浪潮，吹走島嶼上空的雲朵，帶來乾燥的氣候與燦爛的陽光。在第二個季節，風往相反的方向吹，攪動蘇祿海面，這些較溫暖的風偶爾會帶來雨水，居民也會舉辦雨祭慶祝。

不難想見，第一個季節正是旅遊旺季，不過，這並不代表居民其他時間都在休息。這座狹長的小島位於班乃群島（Panay）最遠端，70 年代被西方遊客發現，成為菲律賓的度假勝地。因為這裡一年到頭行程滿檔，每個月都會舉辦活動，競賽性質的活動如世界衝浪、風箏衝浪大賽、飛盤巡迴賽，以及在球道和藍水高爾夫鄉村俱樂部（Fairways & Bluewater Golf & Country Club）舉行的國際高爾夫賽。這座球場出自名設計師葛里翰・馬許（Graham Marsh）之手，一共有 18 個球洞。在極具異國情調的龍舟賽中，還能欣賞五顏六色的龍頭造型獨木舟。

島上豐富的活動行程能滿足每一位遊客的需求。此外，白糖般的沙子遍布整個西岸，命名者可能缺乏想像力，直接取名叫白灘（White Beach）。Amihan 季節受到老天爺眷顧，海面風平浪靜，像鏡子一樣倒映天空的色調，是長灘島旅遊業興盛的主因。島上的三個地區簡單地稱為一、二、三區，觀光設施也遵循相同的順序，從奢華至極的度假村到背包客小屋，應有盡有。這三區是島上各種活動的舉辦場地，除了水上和風浪運動，也可以在椰子樹林中搭建的設施放鬆，或游泳、或按摩，或參加永無止盡的雞尾酒與沙灘派對。

想當然，白灘是度假人潮的大觀園。但是對尋求寧靜的人來說，不妨在日落時分，於原始的普卡海灘（Puka）上散步，沿途撿拾透明的普卡貝殼。或乘船遊覽點綴在蘇祿海灣的洞窟，拜訪大蝙蝠的棲地，這裡在萬聖節期間是觀光熱點，如今成為長灘島娛樂看板上的常態活動。

148-149 平房與露臺蓋在長灘島的礁石上。這座島位於班乃群島最南端，屬於米沙鄢群島（Visayan），水上運動設備齊全。

149 西海岸的白沙灘以小石塊點綴。這座 3.5 公里長的海灘占島嶼一半的長度，是主要的旅遊景點。

基本概況

- 國家：美國，佛羅里達州
- 面積：47 平方公里
- 距離本土：兩座橋與佛羅里達海岸連接
- 人口：2 萬 1181 人
- 首府：非南迪納比奇
- 氣候：亞熱帶氣候，最低氣溫在 11 月，攝氏 23 度，
  最高氣溫在 7 月，攝氏 32 度
- 語言：英語
- 通行貨幣：美元

阿美利亞島

阿美利亞島

美國‧佛羅里達州，海島群

「阿美利亞」、「非南迪納」這些貴夫人的名字和這些避世勝地的
迷人風光相得益彰

每年3月的第二個週末，阿美利亞島會舉辦「優雅大賽」（Concours d'Elegance）。根據權威的《紐約時報》的說法，這場比賽：「對美國的重要性，就像英國的阿斯科特賽馬一樣。」但這裡所說的大賽不像英國，沒有萬馬奔騰的畫面，而是一場古董車選美大賽，在佛羅里達北部海岸舉行——要比屏障著大西洋的海風那幾座離岸沙洲更北邊。優雅大賽吸引了全美的富豪收藏家，名流雅士和他們家傳的財富也會隨之而來。作為一個時髦的度假勝地，阿美利亞島風光的歷史可以上溯到19世紀末，就是從那個時候起，佛羅里達州的豔陽開始令大家趨之若鶩，紛紛前去度假。當時，每年大約會有5萬名遊客（從紐約到波士頓的都有）搭乘豪華輪船來到阿美利亞島（島名以英國國王喬治的女兒來命名）度假，所以這裡得到了「避暑女王」的別稱。

不過其實更早以前，這裡就已經是非常搶手的地方，只是目的不同而已。過去它有另外一個綽號：「八旗島嶼」（Isle of Eight Flags），因為從1582年起，直到佛羅里達州出售給美國為止，幾乎各殖民大國都曾經

占領過它，此地的所有權轉換快速且都維繫不久，令人難以置信。正因如此，島上有大量傲人的歷史遺跡：從古色古香的西班牙堡壘，到迷人的非南迪納比奇（Fernandina Beach）小城中富麗堂皇的維多利亞式房屋，而這裡的「沙龍宮殿」（Saloon Palace）更是美國歷史最悠久的酒吧，引領潮流長達百餘年，至今仍在營業中，也是島上的一大景點。

或許是因為此地特有的皇室基因，現今這座島吸引了一群喜愛「老歐洲」風格的文化精英，他們喜歡島上的私人高爾夫球場（位在刻意保持原始狀態的自然保護區內，顯得引人注目）、長達21公里的白色沙灘，還有內陸的沼澤地（棲息了250種海鳥與凶猛的鱷魚）。

150-151 受到大西洋波濤拍打的高爾夫球場、原始海灘、令人身心完全放鬆的氣氛——這些都是島嶼的資產。一條溪流把它與佛羅里達州東北部海岸分隔開，兩地由一座橋相連。

151 非南迪納舊城區的中心有華麗的維多利亞式建築點綴其間，醒目的遊客路線指南令城市特殊的建築風格更顯別緻，同時也見證了它輝煌的過去。

基本概況

- **國家**：美國，佛羅里達州
- **面積**：15 平方公里
- **距離本土**：一座橋與佛羅里達海岸連接，基威斯特是美國最南端的島嶼
- **人口**：2 萬 5478 人
- **首府**：基威斯特
- **氣候**：熱帶氣候，氣候溫和，因為受到墨西哥灣洋流調節，乾季自 11 月到 4 月
- **語言**：英語
- **通行貨幣**：美元

▼基威斯特

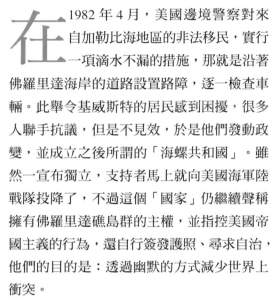

基威斯特

美國‧佛羅里達州，佛羅里達礁島群

忘記邁阿密吧！礁島寶藏的通關密語在這裡

在1982年4月，美國邊境警察對來自加勒比海地區的非法移民，實行一項滴水不漏的措施，那就是沿著佛羅里達海岸的道路設置路障，逐一檢查車輛。此舉令基威斯特的居民感到困擾，很多人聯手抗議，但是不見效，於是他們發動政變，並成立之後所謂的「海螺共和國」。雖然一宣布獨立，支持者馬上就向美國海軍陸戰隊投降了，不過這個「國家」仍繼續聲稱擁有佛羅里達礁島群的主權，並指控美國帝國主義的行為，還自行簽發護照、尋求自治，他們的目的是：透過幽默的方式減少世界上衝突。

自此之後，這個不可能真的建國的「海螺共和國」宣布獨立的日期，就成為基威斯特島的紀念日，每年都會大肆慶祝，它成了一年之中最受旅客期待的節慶之一。不過在這個地方，每天都在上演重大的「慶祝活動」：日落時分，當地居民會和遊客一起以熱烈的掌聲、音樂，外加開懷暢飲來歡送夕陽，這場「落日」的重頭大戲就在杜弗街（Duval Street）上幾間傳奇的酒吧內一再上演。

在基威斯特，即使是最普通的事情也能成為傳奇。墨西哥灣上的小島星羅棋布，幾乎可以一路排到古巴。在這麼多島嶼中，基威斯特的地勢平坦多沙，一直被視為陽光之州的象徵，也和世界各地的其他小島一樣，擁有美麗的海灘，並能滿足度假時任何想運動的渴望——從潛水到釣魚，更不用說美國人最擅長的運動：高爾夫。此外，由於這個島嶼過去有一段特別的歷史，外加一些神祕的人物所寫的回憶錄（曾將這裡當成屬於他們的「陽光之地」）的催化，因此和其他的小島比較起來，它別具特殊的氛圍。曾經來過這裡的名人包括杜魯門總統，他喜歡在這裡度過漫漫長冬，他所居住的房屋，也適切地改名為「小白宮」，還有作家海明威，他在這裡寫了《戰地春夢》，以及劇作家田納西‧威廉斯和其他很多藝術家與放浪不羈的人。不用說，這裡最受歡迎的旅遊活動，就是有趣的「捉鬼試膽」行程。

152-153 日出時分，這座橋看起來像是一條長達180公里的項鍊，把群島連在一起，一路連到基威斯特——也是這些群島中最後一個有人居住的島嶼。

153 馬洛里廣場（Mallory Square）的落日餘暉，照射著聚集在這裡的人群——每天這裡都有一場「夕陽的慶典」，是基威斯特的固定儀式。小吃與手工藝的攤商林立，其間還能欣賞街頭藝術家的表演。

154-155 基威斯特的繽紛色彩與歡樂生活，在這張加勒比海風格的壁畫中一覽無遺。這臺斑點花紋的自行車也很融入當地的生活方式。

155 優雅的殖民風格建築，佇立在杜弗大街的兩旁，這條受歡迎的街道從北到南貫穿整座城市，連接著墨西哥灣與大西洋。

156-157 海灘度假村内，放置在椰子樹蔭下的太陽椅。佛羅里達礁島群的沙質細軟、海水清澈、氣候宜人，成了美國東岸的最佳冬季旅遊勝地。

157「海螺肉」是當地的美食之一。螺肉白皙、肥厚、帶有條紋，可以直接生吃，堪稱道地的美味。用刀把螺肉切下後，以青檸和香料調味即可。

基本概況

- 國家：巴哈馬
- 面積：448 平方公里
- 距離本土：542 公里，與美國佛羅里達州邁阿密的距離
- 人口：4200 人
- 首府：克拉侖斯鎮
- 氣候：熱帶氣候，氣候溫和，受信風吹拂的緣故，乾季
  　　　自 11 月到 4 月
- 語言：英語
- 通行貨幣：巴哈馬元（Bahamian dollar：BSD）

長島

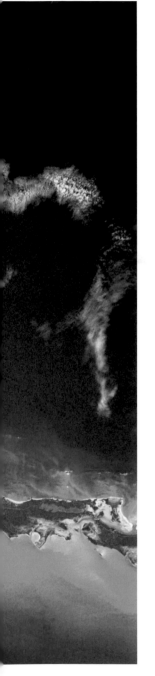

長島

巴哈馬群島

騎馬馳騁在北迴歸線上，這條長達 130 公里的自由、歡樂天地

電影《神鬼奇航》系列在這裡拍攝的時候，影星強尼・戴普太陶醉於巴哈馬的美景，所以難敵誘惑買下了利特霍爾龐島（Little Halls Pond Cay）。就這樣，他成了另一位名人尼可拉斯・凱吉的鄰居，他買的是利夫島（Leaf Cay）。從這裡再下去一點，就是木沙島（Musha Cay）：千萬富豪暨魔術大師大衛・科波菲爾的領土，他聲稱這裡是他青春永駐的源泉。此外，三大音樂巨星：夏奇拉、平克・佛洛伊德樂團的團員羅傑・華特斯（Roger Waters），與西班牙歌手亞雷漢德羅・桑斯（Alejandro Sanz），則較為低調，他們共享龐茨島（Bonds Cay）的所有權。

擁有巴哈馬小島的名人不勝枚舉：這座島與其他大約 700 座巴哈馬小島（其中 30 座有人居住），是經手豪宅買賣的房地產仲介的熱門勝地。不過，巴哈馬群島好就好在：你不必是那少數幾個幸運兒，也能享受到無人沙灘所帶來的自由快感。巴哈馬群島的南方，就在北迴歸線的穿越點上，有一座島像是刻意設置在那裡，要帶給前來度假的人一種魯濱遜式的荒島假期──這就是長島，長達 130 公里，最寬的地方只有 6 公里。

這裡的沙灘柔軟，沙粒潔白，一邊是搖曳的椰子樹與熱帶花卉，另一邊則是顏色多變的汪洋大海。加勒比海灣內得天獨厚的完美氣候，向外延伸到了這裡，幾乎涵蓋了島嶼四周，足以讓人的情緒一路高漲──到了東北端的聖瑪麗亞角（Cape Santa Maria）時，達到最高點。這裡除了是地球上最美麗的海灘之外，也有特殊的歷史意義。哥倫布發現新大陸的航程中，在停留過聖薩爾瓦多島與倫礁後，這裡是他停留的第三站。很明顯的，聖瑪麗亞沙灘的名稱，是要向哥倫布遠征船隊中的旗艦致敬。

除了海上風光，就算在海面下，長島也是無與倫比：距離首府克拉侖斯鎮（Clarence Town）不遠處就是「狄恩藍洞」（Dean's Blue Hole）──地球上最深的喀斯特滲穴，深入海底約 200 公尺，挑戰人類的潛水極限。2011 年 4 月，紐西蘭潛水高手威廉・楚布瑞吉（William Trubridge），在這裡締造了世界潛水新紀錄：121 公尺。

158-159 長長的一條島嶼橫亙在汪洋上，像是屏障著廣大的潟湖免於深海的入侵。這就是長島，巴哈馬 700 顆「島嶼群星」中的一顆明珠。

159 上 上 「狄恩藍洞」，世界上最深的海底滲穴，坐落在首府克拉侖斯鎮東邊，深度達 202 公尺。

159 下 聖瑪麗亞沙灘位於長島東北端，被認為是地球上最美麗的海灘。名稱源於哥倫布船隊的旗艦，他在這片新世界停留了三個地方。

基本概況

- **國家**：英國海外領地，特克斯與開科斯群島
- **面積**：98 平方公里
- **距離本土**：925 公里，與美國佛羅里達州邁阿密的距離
- **人口**：1 萬 5542 人
- **首府**：普洛維登西亞萊斯
- **氣候**：熱帶氣候，氣候溫和，因受到信風吹拂的緣故，乾季自 11 月到 5 月
- **語言**：英語，特克斯與開科斯混合語
- **通行貨幣**：美元

普洛維登西亞
萊斯島

普洛維登西亞萊斯島

英國海外領地·特克斯與開科斯群島

用「英式風格」這個代名詞來形容那些島嶼，
表示島嶼從來不缺奢華酒店與娛樂消遣

在1869年12月7日，特克斯與開科斯群島的英國總督接到一項任務，內容是要他把這個海外領地的旗幟草圖畫出來，再上呈給女王維多利亞。他馬上著手辦理，一年以後，草圖抵達倫敦，上面除了英國米字旗之外，還有一座鹽山，代表島上主要（也可能是唯一的一種）出口商品。

又過了一年，正式旗幟送回總督手中，他心裡感到一陣不快，因為鹽山被改成一座雪屋——有人毫無地理常識，曲解了原始圖樣的涵義。

之後一直要到1968年，特克斯和開科斯群島才得以改變旗幟。現在的旗面繪有仙人掌、貝類與龍蝦等圖案，終於可以合理地象徵它的所在緯度了。話說回來，以前加勒比海群島不過是地圖上的幾個小點，彷彿被加勒比海的藍色汪洋給淹沒。在人口最稠密的普洛維登西亞萊斯島上，有超過40年的時間，島上一臺車也沒有。後來這些島嶼引起法國人的注意，特別是旅遊界的龍頭——地中海度假俱樂部（Club Méditerranée 簡稱 Club Med），它在島上建了第一座度假村。後面的事在此就毋需贅述了。當地居民和常客親切地暱稱它為「普洛維」（Provo），2011年甚至被旅遊網站「Trip-Advisor」數以百萬計的用戶評選為世界上最棒的度假勝地。總之，它具備旅客夢想中的所有元素：豪華飯店、高貴的英國氣息、一座高爾夫球場，還有夠多的夜店——以及最重要的——綿延得長長的海灘，白沙像晶亮的砂糖一般，閃爍著耀眼的光芒，放眼望去只見一片美麗的碧海藍天。這些島嶼的珊瑚礁群密度名列世界第三，物種多元豐富，還有許多沉船遺骸值得探索，對喜歡潛水的人來說，簡直是個天堂。而且就在特克斯和開科斯群島的外海，一組國際潛水探險隊發現了16世紀「新大陸」時期的古老沉船：於1513年不幸於航行途中沉入海底的帆船。

160-161 普洛維島是座海上伊甸園，兼具豪華、放鬆的氣氛。兩座特克斯島與28座開科斯群島位於巴哈馬群島南邊，延續了南巴哈馬風情，它們組成美洲大陸最令人讚嘆的群島。

161 有些度假別墅建在海灘與峭克桑德國家公園（Chalk Sound）低矮的灌木叢之間，長條形沙地環繞著中間晶亮的潟湖。

伊斯拉木黑雷斯島（女人島）

墨西哥

美妙的潛水地點，脫俗且有一定的距離，卻又離人潮洶湧的馬雅蔚藍海岸又不太遠

世界上不會有人比美國魚類學家尤金妮·克拉克（Eugenie Clark）更了解鯊魚，她花了一輩子在研究這些動物的行為。而在科學圈以外，人人都稱她為「鯊魚夫人」。1971 年，當她聽說一位墨西哥潛水人員發現一群鯊魚「安睡」在伊斯拉木黑雷斯島海岸外的岩洞海床上時，想必她有從椅子上驚訝地跳起來。為了研究這一前所未有的現象，克拉克和她的團隊得到了美國國家地理學會的贊助，來到墨西哥最東邊這座島嶼。他們發現由於岩洞內有海底湧泉，泉水的含氧量極高，所以鯊魚能夠維持幾個小時不動，一邊讓小魚清理皮膚上的微生物，一邊在洞內休息。

正因如此，潛入這座「鯊魚睡覺」的岩洞，就成為蓋拉豐公園（Garrafón）目前最令人興奮的水下活動。北半球最長的礁群有

一部分就在公園的延伸範圍內，景色壯觀。不過，伊斯拉木黑雷斯島還有更多好玩的地方：北灘（Playa Norte）的大海風景如畫，一排商店坐落在可愛的村內，還提供各項體育及娛樂活動，從划輕艇出航到高空彈跳，另外還有純正加勒比海風的小酒吧。墨西哥東部海岸向來被稱為馬雅蔚藍海岸（Riviera Maya），旅遊勝地康昆（Cancún）就位於這條海岸線上，是馬雅蔚藍海岸中的女王。而在康昆外海的伊斯拉木黑雷斯島則是來康昆旅遊最佳的附屬景點。伊斯拉木黑雷斯的歷史可以上溯到馬雅文明時期，這裡是馬雅的月亮女神伊希切爾（Ixchel）的居所，祂是愛與生育之神，島上有祂的神廟遺址，遊客可以在這裡欣賞古代女性造型石刻，1517年西班牙航海探險家弗朗西斯科（Francisco Hernández de Córdoba）發現了這座島以及島上的女性雕像，島名（西班牙文原意為「女人島」）正是由此而來。圍繞在遺址周圍，還有一些與宗教崇拜有關的藝術品，是幾位墨西哥重要的藝術家以現代的創作手法，重新詮釋古馬雅人的宗教精神。除此之外，傳奇的海盜費爾明·蒙達卡（Fermín Mundaca de Marecheaga）於 19 世紀中葉建造了蒙達卡莊園（Hacienda Mundaca），在莊園裡也能發現島嶼過往的故事。

162 碧綠的海水，金色的沙灘，又靠近馬雅蔚藍海岸，是這個錐形長島得天獨厚的地方，島嶼位在康昆這個耀眼的度假勝地旁、蔚藍的加勒比海上。

162-163 蒙達卡莊園內的雕塑反映出馬雅文明的遺緒，為猶卡坦半島（Yucatán）留下可觀的遺址。伊斯拉木黑雷斯島的島名西班牙原文源於月亮女神廟的女性雕塑——令 1517 年來到島上的征服者瞠目結舌。

基本概況
- 國家：墨西哥
- 面積：長 7 公里，寬 0.65 公里
- 距離本土：13 公里，與猶卡坦半島的康昆的距離
- 人口：1 萬 2642 人
- 首府：埃西多（Ejido）
- 氣候：熱帶氣候，乾季自 11 月到 4 月
- 語言：西班牙語
- 通行貨幣：墨西哥披索（Mexican peso：MXN）

▶伊斯拉木黑雷斯島
（女人島）

164-165 在蓋拉豐公園水域內游泳的大神仙魚，這種魚受到北半球最長的堡礁保護，牠的特點就是身上的背鰭，長度可達 1.5 公尺。

165 除了一般海床能見到的自然景觀外，還有令人意外的海底景觀：那就是海底藝術博物館（Museo Subacuático de Arte），它位於伊斯拉木黑雷斯島西海岸。

基本概況

- 國家：貝里斯
- 面積：6 平方公里
- 距離本土：32 公里
- 人口：1300 人
- 首府：考克村
- 氣候：亞熱帶氣候，溼熱，乾季自 11 月到 5 月
- 語言：英語，貝里斯混合語
- 通行貨幣：貝里斯元（Belize dollar：BZD）

考克島

考克島

貝里斯

在海牛翻滾的溫暖水域中，與加利福納印第安人一起捕撈龍蝦

只要用兩個小時，就能徒步走完整座考克島；如果坐高爾夫球車的話，只需要 20 分鐘——這種環保的交通工具，在這座島上被用來當作汽車使用。

具有英國人與西班牙人血統的六大家族的後代在考克島上，與馬雅人及加利福納印第安人（Garifuna Indians）結合而繁衍的後代，就是考克島上的居民。這座孤零零的島嶼只有三條主要街道，取的名字相當實際，卻沒什麼創意，分別稱為前街、中街和後街。考克島雖然很小，但它其實是由兩座島組成的。1961 年的強烈颶風「哈蒂」把原先的一座島一分為二，形成了一條東西向的河道，寬度剛夠一艘獨木舟航行，當地人稱為斯普立河（The Split，原意為「切開」）。

不過這顆位於加勒比海的貝里斯珍珠，島上有綿延不絕的白色沙灘與，絕不會讓人感到無聊，居民人數每一年都在成長，每個人都認為在這裡終於找到理想中的海角樂園。這是因為伊甸園該具備的所有條件，考克島都有了，而且島的形狀還像個禮盒。島上蘊藏豐富的淡水泉源，幾世紀以來，航海家和海盜不斷在此上岸，補充他們的軟木塞水桶，考克島古時候的名稱「軟木島」（Caye Corker）就可證明這一點。棕櫚園與椰子園遍布全島，還有陸上的森林與水下的紅樹林，呈帶狀茂密地生長。而最重要的是，島嶼四周環繞著一條寬廣、低淺的潟湖與迷人的珊瑚礁，美景令人難以抗拒。

島上的原生居民加利福納印第安人特別擅長捕撈那些又大又美味的龍蝦，簡直可以媲美美國緬因州冷水域的龍蝦。島上還有一位重要人物，綽號「巧克力」，一生致力於保護海牛，那是一種生活在潟湖中最怪異的生物。最後，對所有渴望體驗深海探險的人來說，加勒比海最壯觀的潛水地點之一就是「大藍洞」（Great Blue Hole），只要花一個小時就能抵達。這座巨大的喀斯特海底滲穴，是在 1971 年由著名的賈克·庫斯托首次進行探勘測量。

166-167 在椰子樹下沿著海灘漫步最能放鬆身心，島上大部分是椰子樹與紅樹林。古時候的海盜會來這裡補充清水與軟木，島的名稱就與英文中的「軟木」有關。

167 從這個簡陋的碼頭出發，乘船遊覽珊瑚礁，或是捕撈這附近海域中豐富的龍蝦。

168 游泳時，停在紅樹林下的陰涼處小憩。沿著 50 年前受到颶風影響而一分為二的水道，可以觀賞島上美麗的內部風光。

168-169 大藍洞，直徑 300 公尺，深 120 公尺，這座巨大的喀斯特海底滲穴，是法國人賈克·庫斯托於 1971 年首度進行探勘測量。壯觀的洞穴，是一個刺激有趣的潛水勝地。

基本概況

- 國家：波多黎各，美國境外領土
- 面積：28 平方公里
- 距離本土：888 公里，與委內瑞拉海岸的距離
- 人口：2500 人
- 首府：杜以
- 氣候：熱帶氣候，氣候溫和，因受到信風吹拂的緣故，
  平均氣溫為攝氏 22-27 度，乾季自 12 月到 4 月
- 語言：西班牙語，英語
- 通行貨幣：美元

庫雷布拉島

庫雷布拉島

波多黎各

征服者稱之為「最後的處女」，時至今日，它依然保持原始風貌

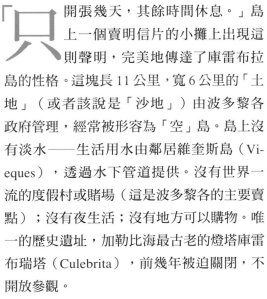

「只開張幾天，其餘時間休息。」島上一個賣明信片的小攤上出現這則聲明，完美地傳達了庫雷布拉島的性格。這塊長 11 公里，寬 6 公里的「土地」（或者該說是「沙地」）由波多黎各政府管理，經常被形容為「空」島。島上沒有淡水——生活用水由鄰居維奎斯島（Vieques），透過水下管道提供。沒有世界一流的度假村或賭場（這是波多黎各的主要賣點）；沒有夜生活；沒有地方可以購物。唯一的歷史遺址，加勒比海最古老的燈塔庫雷布瑞塔（Culebrita），前幾年被迫關閉，不開放參觀。

庫雷布拉島是在 1493 年被哥倫布發現，當時島上的居民是泰諾印第安人（Taino）。這位西班牙的遠征家稱這座島為「最後的處女」（the Last Virgin），因為它的地理位置是在維京群島（Virgin Islands）的最末端。雖然一直到 1975 年為止，這座小島都是美國重要的砲擊與轟炸演習地點，然而時至今日，它的重要性更強了：它是加勒比海最後一塊淨土，還能抵禦旅遊業的大舉殖民式侵略。少數滿腔熱血的遊客只能住在家庭經營的小屋內，或是在夫拉曼科（Playa Flamenco）海灘附近紮營，這座白色沙灘是加勒比海最令人嘆為觀止的沙灘之一，海灘上的生鏽美國坦克的骨架，一再受到海水沖刷，呈現一種超現實的畫面。

來到這座空島，幾乎無事可做，在這裡度假似乎很不合理。但就是因為讓人幾乎「無事可做」，這裡才顯得可貴：一片綠得幾乎像是發出磷光的大海，以及一片看似不毛、乾旱的自然保護區，事實上，裡面藏有令人意外的寶藏，其中之一就是路易斯佩涅島（Cayo Luis Peña）：這是一座鳥類保護區，有 5 萬隻海鳥在那裡築巢。

170-171 最後的與世隔絕的海角樂園典範之一，它尚未被觀光業大舉入侵。庫雷布拉島是波多黎各的衛星島嶼，位於大安地列斯群島。它與鄰居維奎斯島一樣，擁有群島中最美麗的海灘。庫雷布瑞塔燈塔建立於此，是加勒比海區內最古老的燈塔。

171 杜以（Dewey）的運河上的船隻，這是島上唯一的村落。右邊是迷人的「媽媽旅店」（Posada Mamacita）。庫雷布拉島能提供住宿的地方不多，質樸簡單，非常符合村裡放鬆宜人的氣氛。

基本概況

- 國家：美國，美屬維京群島
- 面積：44 平方公里
- 距離本土：880 公里，與委內瑞拉海岸的距離
- 人口：4400 人
- 首府：克魯茲灣
- 氣候：熱帶氣候，氣候溫和，因受到信風拂的緣故，全
  年平均氣溫為攝氏 22-27 度，即使是溼季期間（9
  月到 12 月），平均每月下雨天數為 5 天
- 語言：英語，維京群島混合語
- 通行貨幣：美元

聖約翰島

聖約翰島

美國・美國維京群島

最小的處女地，也是加勒比海區最具美國風情的島嶼

「**跳**上來吧！」計程車司機露西‧史密斯女士（Miss Lucy Smith）上路前經常這樣豪爽地邀請遊客，她是島上的傳奇計程車司機，開的車很容易辨認：車頂上裝了巨大的擴音器，上面以各式花朵裝飾。她就開著這部車帶領遊客在島上最熱門的路線上觀光。「跳上來吧！」卡力騷舞者和音樂演奏者，在這座小島首府克魯茲灣（Cruz Bay）的慶典遊行中，也是這樣大聲高呼，邀請遊客在狂歡中一起解放自我。「跳下來吧！」相較於克魯茲灣充滿殖民風格建築的陸上風景，象鼻灣（Trunk Bay）提出的是令人難以抗拒的水下邀請，前去探索海中的珊瑚礁與其他水下奇觀——這是特別為遊客打造的浮潛行程。

介於大安地列斯群島（Greater Antilles）與小安地列斯群島之間的位置，美屬維京群島中最擁擠且大受歡迎的島嶼是聖湯母斯島（St. Thomas）和聖克羅伊島（St. Croix），與這兩座島相比，聖約翰島雖然是美屬維京群島中最小的島嶼，但從餐廳中的漢堡到海灘上的烤肉來看，與旅遊有關的一切，處處透露著純正的美式風格。相較之下，這裡也保存在最自然的狀態中。這要歸功於美國富豪勞倫斯‧洛克斐勒（Laurance Rockefeller），他在1850年代從美國政府手中買下大部分土地，打造了一座度假村：肯尼爾灣（Caneel Bay）。同時他也是位保育先驅，目標是兼顧豪華的開發建設與生態的永續發展，打造出一座非凡的國家公園。

今天，維京群島珊瑚礁國家公園（Virgin Islands Coral Reef National Monument）的範圍涵蓋了5083公頃的大海，一道長達5公里的堤礁環繞全島。聖約翰島的海洋保護區是加勒比海的珍貴海域，被聯合國教科文組織列入世界生物圈保留區（World Network of Biosphere Reserves）。聖約翰島不僅留心於環境與文化的維護，島上風景如畫的海灘也提供了放鬆的假期風光，對於渴望深度旅遊的旅客來說，很具吸引力。由於島上設有多條步道，因此走遍全島相當便利，沿途還能發掘各式各樣的奇景，例如壯觀的礁灣步道（Reef Bay Trail）：這條步道穿過青翠的綠色植物，有時也會穿過滿是仙人掌的乾旱河谷，還會經過廢棄的莊園遺址，這些莊園在美國蓄奴的年代中，曾經在此種植甘蔗。

172-173 島嶼南邊凹凸有緻的海岸，茂密的植物覆蓋了颶風灣（Hurricane Bay）四周的每一塊土地。小海灣是船隻的理想避風港。在海灣對面，德雷克（Drake）河道充當界線，分隔了英屬維京群島與美屬維京群島。

173 在7月4日美國獨立紀念日當天，聖約翰島上會有遊行活動，為每年為期一個月的嘉年華畫下句點。嘉年華期間的派對、遊行、煙火與音樂都讓克魯茲灣熱鬧非凡。

托托拉島

基本概況
- 國家：英國海外領地，英屬維京群島
- 面積：56 平方公里
- 距離本土：905公里，與委內瑞拉的卡拉卡斯（Caracas）的距離
- 人口：2 萬 3900 人
- 首府：羅德城
- 氣候：亞熱帶氣候，氣候溫和，因受到信風吹拂的緣故，乾季自 11 月到 5 月
- 語言：英語，維京群島混合語
- 通行貨幣：美元

托托拉島

托托拉島

英國・英屬維京群島

它不僅是加勒比海樂園，更是一個避稅天堂

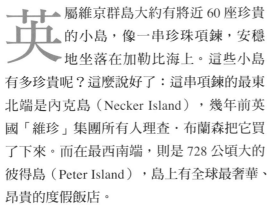

英屬維京群島大約有將近 60 座珍貴的小島，像一串珍珠項鍊，安穩地坐落在加勒比海上。這些小島有多珍貴呢？這麼說好了：這串項鍊的最東北端是內克島（Necker Island），幾年前英國「維珍」集團所有人理查・布蘭森把它買了下來。而在最西南端，則是 728 公頃大的彼得島（Peter Island），島上有全球最奢華、昂貴的度假飯店。

托托拉島位於這條珍珠項鍊的中心，它是群島中最大、目前人口最多的一座島，也是行政首府羅德城（Road Town）的所在地，島上有迷人的殖民式風格。羅德城的街道像是整齊的西洋棋盤，樹木林立，壯麗而醒目，順著街道延伸出去的是一排長長的典型木建築，建築的色彩是著名的糖果色，還有個「薑餅屋」的別稱。除了在可愛的小店內購物之外，浪漫的植物園也不容錯過，這座占地 180 公頃的公園充滿各種鮮花與棕櫚樹，饒富異國情調。它是西印度群島上最古老，也最美麗的植物園之一。

托托拉島的外圍是典型的加勒比海灘，景色迷人美麗，從最適合戴上護目鏡和蛙鞋去潛水的偷盜灣（Smuggler's Cove），到衝浪者最愛的蘋果灣（Apple Bay），還有其他又安全而美麗的景點，是帆船出遊中途絕不會錯過的停靠站。另一個迷人的景點距離海邊只有幾公尺，沿途風光由大海轉變成垂直的山路——蜿蜒地穿梭在山丘上，沿途不乏令人驚心動魄的彎路，它們會接到島上的山脊路（Ridge Road，這條路就像是島嶼的背脊），順著走就會抵達「聖人山國家公園」（Sage Mountain National Park）。這座國家公園保護著英屬維京群島的最高峰與公園內的熱帶雨林。

雖然托托拉島被賦予如此豐富的大自然的饋贈，但令人意外的是，該島的財源並不來自旅遊業。1984 年通過的英屬維京群島《國際商業公司法》，使這些島嶼成為加勒比海的避稅天堂，專門為境外投資公司提供金融服務。時至今日，這座度假島總收入的 51.8% 就由此而來。

174-175 首府羅德城全景。這條路沿途上可看見多朵多姿的薑餅屋——加勒比海地區典型的英式建築。植物園是前西印度群島最古老的植物園之一。

175 椰子樹和度假村是蔗園灣（Cane Garden Bay）最明顯的特徵，托托拉島是英屬維京群島中最大的島嶼，它的北部海岸有眾多沙灣，這裡只是其中之一。

基本概況

- **國家**：英國海外領地，英屬維京群島
- **面積**：91 平方公里
- **距離本土**：931 公里，與委內瑞拉卡拉卡斯的距離
- **人口**：1 萬 3500 人
- **首府**：瓦利（The Valley）
- **氣候**：熱帶氣候，氣候較為涼爽，因為受信風吹拂的緣故，
  乾季自 12 月到 6 月
- **語言**：英語，安圭拉混合語
- **通行貨幣**：東加勒比元（East Caribbean dollar：XCD）

▶安圭拉島

安圭拉島

英國·北背風群島

漫畫人物柯多船長的家鄉——正宗英式風情與美食

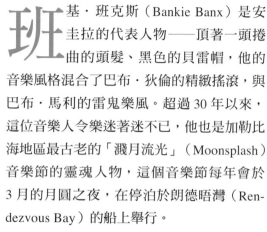

班基·班克斯（Bankie Banx）是安圭拉的代表人物——頂著一頭捲曲的頭髮、黑色的貝雷帽，他的音樂風格混合了巴布·狄倫的精緻搖滾，與巴布·馬利的雷鬼樂風。超過 30 年以來，這位音樂人令樂迷著迷不已，他也是加勒比海地區最古老的「潑月流光」（Moonsplash）音樂節的靈魂人物，這個音樂節每年會於 3 月的月圓之夜，在停泊於朗德晤灣（Rendezvous Bay）的船上舉行。

這場盛會（再加上多采多姿的嘉年華，以及 8 月著名的帆船賽）足以構成到安圭拉島度假的充分動機，但是這座島還有其他許多吸引人的景點。名列熱門景點清單中的前 33 項，就是島上 33 座美麗的公共海灘，耀眼的白沙看起來幾乎呈粉紅色，大海則碧波萬頃。來到這裡，當然還要隨著雷鬼樂和卡力騷音樂的節奏，盡興跳舞，套句當地話是：「攪沙」，其中最重要的景點是砂地灣（Sandy Ground）與淺灘灣（Shoal Bay），這些地方常被認為是地球上最美麗的海灣。對於想在日落時分的珊瑚礁附近游泳的人，番紅花灣（Crocus Bay）很理想；而小灣（Little Bay）則適合那些想要享受孤獨浪漫的人。米茲灣（Meads Bay）的新月形海灘

則有加勒比海區內最多的米其林餐廳，其中兩座餐廳的葡萄酒廠牌最多，收藏來自世界各地近 2 萬 5000 種不同的頂級葡萄酒。

安圭拉島相當時髦——更確切地說——是時髦又讓人自在的度假勝地。這座長而平坦的島嶼選擇發展精緻旅遊，排斥洶湧的旅遊人潮，它集精緻美食、私人飛機、十足的隱密性與運動休閒於一身，因此吸引很多名人前來這裡。這些誘人的元素，全都以一片令人屏息的美景為背景，不過島上的建築還是令人回想起過去旅遊尚未發展的年代，這裡的居民靠種植甘蔗與採鹽維生，本質依然十分原始。海岸外還有很多小島，海龜在此產卵，數以萬計的海鳥在此築巢，而就在安圭拉島的中心地帶還有一座泉水：古代美洲的原住民尊崇它為宇宙的源頭。

176-177 安圭拉島 33 座海灘中，任一座海灘所呈現的典型風貌就是：優雅樸素的豪華別墅與花園。這座島嶼位於背風群島最北端，島形細長，島名源於西班牙語「Anguila」，意思是「鰻魚」。

177 距離首府瓦利不遠處，高大的懸崖畫出清晰的界限，創造出一個迷人幽靜、與世隔絕的小海灣。

178 上 沿著海邊騎馬。安圭拉島非常適合溫和的運動。到了晚上，還有星級餐廳，能滿足一群名流雅士顧客的胃口。

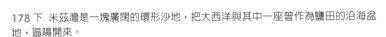

178 下 米茲灣是一塊廣闊的環形沙地，把大西洋與其中一座曾作為鹽田的沿海盆地，區隔開來。

178-179 金色沙灘、碧綠大海、徹底放鬆：這是熱帶生活的極致夢想。義大利漫畫家雨果‧普拉特（Hugo Pratt）會把這裡當成他著名的漫畫主人翁柯多船長的家鄉，絕非偶然。

基本概況

- **國家**：兩個國家。Sint Maarteen 屬於荷蘭，Saint-Martin 屬於法國海外領地
- **面積**：87 平方公里
- **距離本土**：918 公里，與委內瑞拉卡拉卡斯的距離
- **人口**：7 萬 500 人
- **首府**：荷屬地區－菲利普斯堡；法屬地區－馬希戈
- **氣候**：熱帶氣候，氣候溫和，因為受信風吹拂的緣故，乾季自 12 月到 6 月
- **語言**：荷語，英語，法語及混合語
- **通行貨幣**：歐元，荷屬安地斯列盾（Netherlands Antillean Guilder：ANG）

▶ 法屬／荷屬
聖馬丁島

法屬／荷屬聖馬丁島

小安地列斯群島

三分之二法國，三分之一荷蘭，大部分區域免稅

很久以前，阿拉瓦克人（Arawak）是這座島的原始居民，由於島上鹽田遍布，因此他們稱這座島為「鹽島」（Soualiga）。隨著歐洲人的入侵，此地局勢愈來愈複雜，直到今天仍是如此。這樣一座小島，不但被畫分成兩個國家，而且島上居民是多達 80 個不同國家人民的後裔，成為一項世界紀錄。聖馬丁島面積是 87 平方公里，其中三分之二的土地屬於法國，名稱為法語的「Saint-Martin」，嚴格來說屬於歐盟（但是並未包括在申根條約內）。剩下的地區，雖然範圍較小，人口卻較多，荷蘭語中稱為「Sint Maarten」，屬於荷蘭，但是不具相應的歐洲地位。聖馬丁島上有兩座首府，都是可愛的殖民城鎮：寂靜而帶有法國風情的小城馬希戈（Marigot），以及活力十足的荷蘭首府菲利普斯堡（Philipsburg）——名稱是為了紀念約翰・飛利浦（John Philips），他是位效忠荷蘭的蘇格蘭船長，在 1763 年發現這座小城，並把它打造成重要的商港。法、荷兩國的聖馬丁屬地之間，並沒有真正的邊境管制。這兩個國家在 1684 年簽定康科第亞條約（Treaty of Concordia），協議兩國間的人員與貨物，能相互自由流通，條約至今未曾造成爭議也從未修改。而在 80 年前，法屬聖馬丁則成為免稅商港。

不過，如果你以為這座島嶼兩邊的特色大同小異，那可就大錯特錯了。這兩個地區當然都有眾望所歸的典型加勒比海灘，而且特別適合遊艇與郵輪停泊，每年大約有 90 萬名遊客乘船前來造訪，但是兩邊的氣氛卻大不相同：荷屬聖馬丁擁有幾十座賭場、無數的夜店與購物中心，更別提還有傳奇的沙灘派對，是一個令人興奮的度假勝地；法屬聖馬丁卻正好相反，它樸素而別緻，唯一較離經叛道（姑且這麼形容）的地點，就是壯麗的東灣（East Bay），這裡是世界上最知名的天體海灘之一。雖然兩邊各有特色，不過辛普森灣（Simpson Bay）卻是由兩國和諧共享的。這是加勒比海地區最完美的潟湖，湖邊有兩座移動式橋梁連向公海。海灣面積很大，在清澈的水面上乘風揚帆，絕對讓人心曠神怡。潟湖正中間是一座珍貴的小島，四周有一圈美麗的沙環繞，上面只有 15 顆棕櫚樹。依據條約，這座島歸法國所有，但是它卻陰錯陽差被取了英文名字：探索者（Explorer Island）。

180-181 從法屬小城馬希戈遠眺大海。島上有大約 30 座海灘與各式旅遊港口，是加勒比海遊艇停泊的熱門景點。

181 上 古代加勒比海的遺跡，保存在馬希戈小城。東灣位於法屬地區，素有「加勒比海的聖丑佩茲」的稱號。白色的長形沙灘長達 3 公里，天體愛好者經常光顧這裡。

181 下 這座珊瑚礁之間的小島位於庫佩科伊灣（Cupecoy Bay），在法屬聖馬丁島的西邊。

基本概況

- 國家：法國海外領地
- 面積：21 平方公里
- 距離本土：890 公里，與委內瑞拉卡拉卡斯的距離
- 人口：8800 人
- 首府：古斯塔維亞
- 氣候：熱帶氣候，氣候溫和，因為受信風吹拂的緣故，
　　　乾季自 12 月到 4 月
- 語言：法語及安地列斯混合語
- 通行貨幣：歐元

聖巴臺勒密島

聖巴臺勒密島

法國·安地列斯群島

島嶼的迷人與隱密性，使它成為名人私房的避世首選之地，他們也稱這裡為聖巴斯

在歐洲各國權力互相傾軋的時代、長達好幾世紀的你爭我奪中，歐洲列強把東、西印度群島的多座島嶼當成結婚禮物、友誼信物或和平象徵，彼此轉讓贈與、利益互換。這座位於加勒比海的島嶼命運曲折：18 世紀時島嶼本屬於法國，而法國為了保障在瑞典哥德堡港（Goteborg）裝卸貨物的免稅權，把它送給了瑞典，由瑞典命名為聖巴多羅買（Sankt Bartholomeus）。過了將近 100 年，到了 19 世紀，法國才又買回這座島嶼。

說來矛盾，瑞典在這裡統治後所留下的痕跡，只剩下首府的名稱：古斯塔維亞（Gustavia）。除此之外，其他都是道地法國風情——米其林三星餐廳的美味食譜、法式麵包店與甜點店，外加大量法國精品，從愛馬仕到卡地亞，高級時裝與名牌珠寶，應有盡有。無論是法語人士口中的聖巴斯（St. Barth），或是英語人士口中的聖巴特（St. Bart's），這座島（不管用的是法語或英語的名稱）對富豪名流來說，所能提供的服務在奪目光華與隱私維護之間已達到完美平衡（屏除狗仔隊不談的話）。

許多時尚雜誌形容這座島嶼為「性感的加勒比海小島」。因為它是名人如布萊德·彼特、碧昂絲、瑪丹娜和湯姆·漢克斯（僅列舉其中幾位）經常造訪的地方。這裡有 23 座海灘，個個坐擁無盡的沙灘、海景和翠綠植被的景致，環境優雅迷人。以聖巴特的房市來看，要購買任何一座海灘第一排位置的別墅，8300 萬美元只能算是一般價位。

就連海灘度假飯店，也能看作是個時尚風潮的縮影：房間稀少、服務頂級，直達皇室水準，這是為了要維持飯店隱密而豪華的盛名。奢華飯店如伊登羅克（Eden Rock）、卡爾古斯塔夫（Carl Gustav）與法國島（Île de France）等，就坐落於尼基（Nikki）海灘，是最搶手的加勒比海度假勝地。在這裡買件印有當地標誌的 T 恤回家當紀念，已成了遊客習慣，就連名人也難以抗拒這種誘惑，T 恤正面印有海灘標誌，背面文字則是：「只告訴你最好的朋友」。

182-183 典型的北歐名字：古斯塔維亞，對一個加勒比海城市來說，有些不協調。不過從這座奇妙的鐘樓來看，不難發現這裡也曾屬於過去的時代的瑞典人。然而這個地方的魅力，則完全是可愛的法式風格。

183 上 庫地塞大海灘（Grand Cul-de-Sac）是島上最迷人的海灘之一，被認為是加勒比海中最時尚的海灘。你可能會在這裡遇見布萊德·彼特、碧昂絲、瑪丹娜或湯姆·漢克斯。

183 下 儘管海景美麗，度假村的游泳池內，總是也能見到它的知音。

184-185 與 185 上　衝浪愛好者能在島上找到十幾座可衝浪的專門地點，指示牌色彩鮮豔而醒目。

185 下　位於西北端的弗拉芒海灘（Flamands）是島上最漂亮的海灘。儘管有為觀光客提供娛樂設施，但這座受保護不會被大浪侵襲的長長沙岸很寧靜，且人潮不多。

基本概況

- 國家：安地瓜和巴布達（Antigua and Barbuda）
- 面積：280 平方公里
- 距離本土：917 公里，與委內瑞拉卡拉卡斯的距離
- 人口：8 萬 7884 人
- 首府：聖約翰
- 氣候：熱帶氣候，氣候溫和，因為受信風吹拂的緣故，全
  年均有小雨，氣溫介於攝氏 26 度到攝氏 30 度間
- 語言：英語及安地瓜混合語
- 通行貨幣：東加勒比元（East Caribbean dollar：XCD）

安地瓜島

安地瓜島

安地瓜和巴布達·小安地列斯群島

帶有喬治王朝優雅風格的港灣，引人緬懷海軍名將納爾遜的時代

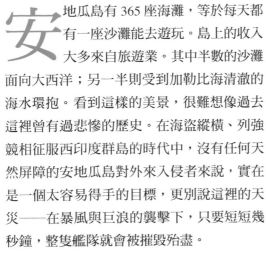

安地瓜島有 365 座海灘，等於每天都有一座沙灘能去遊玩。島上的收入大多來自旅遊業。其中半數的沙灘面向大西洋；另一半則受到加勒比海清澈的海水環抱。看到這樣的美景，很難想像過去這裡曾有過悲慘的歷史。在海盜縱橫、列強競相征服西印度群島的時代中，沒有任何天然屏障的安地瓜島對外來入侵者來說，實在是一個太容易得手的目標，更別說這裡的天災——在暴風與巨浪的襲擊下，只要短短幾秒鐘，整隻艦隊就會被摧毀殆盡。

於是到了 17 世紀，統治此島歷史已相當久遠的英國，在別無選擇的情況下，建造了一座安全的「英國港」（English Harbor），以便保衛領土。他們選擇在南邊的港灣，打造出一座寬廣、完善的海軍基地，作為理想的前哨站，能夠時時監測鄰近的對手——法國任何可疑的行動。港灣中還建有一座著名的海軍船廠「納爾遜船塢」（Nelson's Dockyard），是東加勒比海區唯一有船廠的港口，為橫渡大西洋的往來船隻進行維修。安地瓜港口不言而喻的重要性，在 1784 年到 1787 年間已顯露端倪：當時的海軍名將納爾遜奉命到這裡，親自指揮加勒比海區的所有英國殖民地加強推行一項航海條例。

時至今日，「英國港」與「納爾遜船塢」的建築都經過重新整修，已經恢復原來喬治王朝時期的輝煌風格，與這座迷人的海灣一起成為安地瓜島的主要古蹟。除了歷史悠久（能見到帶有海軍風格的古老飯店和餐廳），這裡也意外地是個生氣勃勃的地方：很多國際賽事會在此舉行。其中最重要的，就是「古典帆船大賽」（Classic Yacht Regatta）與「加勒比海 600 英里大賽」（Rorc Caribbean 600）——航海距離長達 965 公里（600 英里）的比賽，會經過加勒比海上幾座主要島嶼。

其他種類的船（例如豪華郵輪），則停泊在現代化的聖約翰港，這裡是個顏色繽紛、氣氛歡樂小鎮，就和所有其他加勒比海的首府一樣。花一個下午的時間遊覽絕對是必要的行程。同時，也一定要去參觀附近的巴布達島上的甘蔗園遺址。聖約翰港區還有一個海鳥保護區，也值得一遊。然而要去這些地方，成行與否還是要看遊客能不能抵擋得了海灘的誘惑，以及豪華度假村所提供的悉心服務。

188-189 安地瓜島有許多重要的文化遺址可遊覽，包括緊鄰聖約翰港的深灣（Deep Bay）。深灣中有百年商船「安地斯號」的殘骸，船軸突出水面，浮潛愛好者經常會來這裡。

189 聖約翰港，一座設備完善的港口，大型郵輪停泊的地方。

基本概況

- 國家：法國海外領地
- 面積：158 平方公里
- 距離本土：856 公里，與委內瑞拉卡拉卡斯的距離
- 人口：1 萬 5000 人
- 首府：孔堡
- 氣候：熱帶氣候，氣候溫和，因受到信風吹拂的緣故，
  乾季自 11 月到 5 月
- 語言：法語及方言
- 通行貨幣：歐元

▶ 馬里加蘭特島

馬里加蘭特島

法屬瓜德羅普·小安地列斯群島

隱匿在迷人而農村氣息濃厚的名稱裡的綠色芫荽

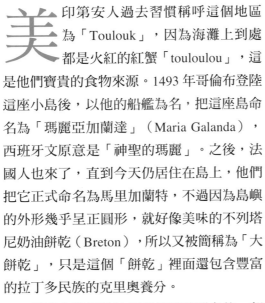

美印第安人過去習慣稱呼這個地區為「Toulouk」，因為海灘上到處都是火紅的紅蟹「touloulou」，這是他們寶貴的食物來源。1493 年哥倫布登陸這座小島後，以他的船艦為名，把這座島命名為「瑪麗亞加蘭達」（Maria Galanda），西班牙文原意是「神聖的瑪麗」。之後，法國人也來了，直到今天仍居住在島上，他們把它正式命名為馬里加蘭特，不過因為島嶼的外形幾乎呈正圓形，就好像美味的不列塔尼奶油餅乾（Breton），所以又被簡稱為「大餅乾」，只是這個「餅乾」裡面還包含豐富的拉丁多民族的克里奧養分。

這座小島屬於法國瓜德羅普群島的一部分，位於小安地列斯群島之間，是「可愛的法蘭西」小心呵護的寶島之一。不只是為了島上的椰子與多汁的芒果，美麗的海灘染上了加勒比海色彩；景色如畫的直立珊瑚礁；以及類似法國佩西格區（Perigord）的農村景色——全都說明了這裡不光是個普通的熱帶度假之地。雖然這裡的跨國連鎖度假村很少，但是當地有許多熱情的居民經營的小型鄉村度假小屋（gîte），整潔優雅，也是很好的住宿選擇。就和所屬國法國的口味一樣，當地居民雖然也喜愛法式棍麵包，但他們多半是過去從非洲被運來美洲的黑奴後裔，法

國人讓他們來到島上，在莊園內種植甘蔗。

時至今日，甘蔗依然是島上的主要經濟作物，同時他們也直接用甘蔗汁蒸餾，做出安地列斯群島中最好的蔗汁萊姆酒（rum agricole），成了島上的經濟支柱，重要性更甚於旅遊業。於是在島嶼的馬路上，滿載甘蔗的傳統牛車「kabwé」，數量要比汽車還多。一定要花一天的時間造訪 19 世紀的古老莊園，例如穆拉特老宅（Murat Dwelling），莊園主人的豪華臥房與奴隸住所，有助於了解馬里加蘭特的歷史精神。首府孔堡（Grand-Bourg）也需要花一天的時間參觀，此地的建築設計意外地具有裝飾藝術（Art Déco）風格，（更令人意外的是）這些設計出自突尼西亞裔的巴黎建築師阿里·圖爾（Ali Tur）之手。在種種因緣際會下，這位建築師把裝飾藝術帶到了這座島上。

190-191 馬里加蘭特反映出安地列斯群島的熱帶風情。這座位於瓜德羅普外海的圓形小島，小心維繫著它與「可愛的法蘭西」之間的歷史淵源。

191 卡珀斯提赫（Capesterre）是沿岸林立的眾多村莊之一。馬里加蘭特全島寬度只有 15 公里。

192 上 鄉村一角的風車帶有不列塔尼半島（BRITTANY）情調。馬里加蘭特有「百風車之島」的別稱，1830 年的風車數量總計多達 106 座。

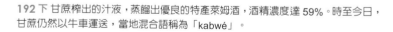

192 下 甘蔗榨出的汁液，蒸餾出優良的特產萊姆酒，酒精濃度達 59%。時至今日，甘蔗仍然以牛車運送，當地混合語稱為「kabwé」。

192-193 這座小屋位於土地肥沃的鄉村中央，在北方的德斯馬黑村（Desmarais）附近。除了甘蔗外，島上還產椰子與芒果。

聖露西亞島

小安地列斯群島

大地給予的珍貴禮物，新婚夫婦的理想蜜月所在

諾貝爾文學獎 1992 年的得主德瑞克·沃爾科特（Derek Walcott）的長篇敘事史詩《奧麥羅》（Omeros）是當代加勒比海地區的不朽文學鉅作，全作品有超過 8000 詩行，每行有六音步，分成 64 章 7 卷。故事把荷馬的希臘史詩《伊利亞德》中的人物與劇情，改寫成現代小人物的悲歡離合：古詩中的勇士赫克特（Hector），到了現代成為一位背棄祖業，改行去開觀光巴士的司機；而半神阿基里斯（Achilles）則成為一位漁夫，與一位可信賴的好友為了愛人並肩作戰，那位好友的愛人就是身材玲瓏的混血女僕：海倫；而《伊利亞德》中的戰將菲洛特提（Philoctete），到了現代則成了老水手，腿上有個永遠無法癒合的傷口。故事中的汪洋與火山峰，就是以聖露西亞島為背景。這位加勒比海詩人會選擇以這座島作為這篇鉅作的背景，並非偶然。他在這裡

出生、成長，而且一直都住在島上，他與族人（代表過去那些被捉到新大陸的非洲人）永遠無法回鄉。在這座小安地列斯群島中的小島上，可看到揉合了所有島嶼特色的綜合風貌。

聖露西亞島有最經典的白色沙灘，畫面很適合拍下來製成風景明信片。另外也有黑沙組成的沙灘，充滿特色。深入島內，一片蠻荒大地上，白色的瀑布與硫磺溫泉就藏在濃密叢林中，寧靜而翠綠的山谷間，大火山與小火山像一對雙胞胎一樣蟠踞其上，居高臨下。聖露西亞島北面還有一座小島，據說在 16 世紀時，曾是加勒比海區的傳奇人物：海盜弗杭絲瓦·勒·克萊爾（François Le Cler）的住處。今天，這座小島與聖盧西亞島以一座橋相連，屬於鴿子國家公園（Pigeon National Park）的一部分。聖露西亞島結合了拉丁多民族的克里奧文化，顯得風情萬種——首府卡斯翠（Castries）的建築、如詩如畫的漁村風光、格外香辣的料理，以及嘉年華中響亮而扣人心弦的音樂節奏，由此可見一斑。

也就難怪法國人與英國人好幾世紀以來，不斷在搶奪這座小島，你爭我奪達 14 次之多，與荷馬描繪的史詩情景一樣，聖露西亞島被譽為西印度群島中的天仙「海倫」，引起眾人覬覦，至今也確實遭大批觀光客入侵。這個綽號相當合乎 21 世紀的情境，因為對搭乘郵輪來度假的遊客，與想找理想天堂共度蜜月的佳偶來說，聖露西亞島的開銷讓他們較能善待自己的荷包。

194 水果與蔬菜攤販在戶外市場販賣生鮮食品。位於西岸的卡斯翠傳統市場深受遊客歡迎。

194-195 大小火山錐矗立在蘇夫希厄（La Soufriere）村莊之間，是西海岸最有代表性的象徵。

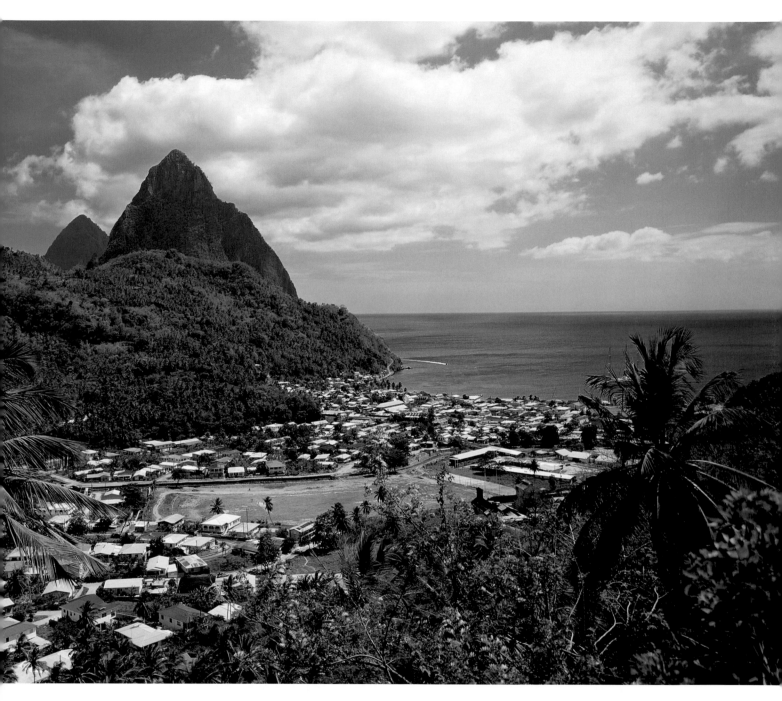

基本概況

- 國家：聖露西亞
- 面積：616 平方公里
- 距離本土：770 公里，與委內瑞拉卡拉卡斯的距離
- 人口：17 萬 3765 人
- 首府：卡斯翠
- 氣候：熱帶氣候，氣候溫和，因為受信風吹拂的緣故，乾
   季自 12 月到 6 月
- 語言：英語與混合語
- 通行貨幣：東加勒比元（East Caribbean dollar：XCD）

聖露西亞島

196 上 蘇夫希厄海灘旁，大型豪華酒店林立。這座小安地列斯群島中的小島，曾經八度被票選為「全球最佳蜜月地點」。

196 下 這座雅緻的度假村：賈樂希（Jalousie）莊園，位在一處如夢似幻的海灘，一旁是覆有綠色植被小火山。度假村在一片生意盎然的雨林包圍下，迎接莊園的客人到來。此莊園度假村是由過去的甘蔗農場改建而成。

197 鑽石瀑布植物園（Diamond Falls Botanical Gardens）中的瀑布，水流穿過園內的熱帶植物，傾瀉而下。這裡鄰近蘇夫希厄的死火山，除了可以遊覽園內自然風光外，還可以在植物園內泡硫磺溫泉——火山爆發留下的產物。

巴貝多島

小安地列斯群島

這裡的甘蔗芯類似珊瑚，芳香的風味能釀出獨特的萊姆酒

糖的學問不只是有甜味那麼簡單而已。它和得獎的葡萄酒一樣，在土壤最肥沃的地區生產，質地好壞取決於產地。因此，根據世界頂尖專家的說法，巴貝多島就是這樣一個好地方，是唯一能種植甘蔗的珊瑚礁島。島上的土壤是一種特殊強鹼土，結合了多種礦物質與營養物質，因此此地出產的糖帶有一種金黃色的香檳色調，香氣持久，口味調性類似金銀花與太妃糖。因此無論是品嚐，或是拜倒在它頂級的晶亮外觀之下，兩件事似乎是無法分割的。今天，糖已經被包裝成一種美食來販售，而以甘蔗調製的經典萊姆酒更是在島上度假時，遊客無法不愛的飲料，這種飲料在加勒比海地區，是廣為人知、歷史最悠久的蒸餾飲品。

1625 年，英國人來到巴貝多島並長期占領，積累了龐大的財富，直到 1966 年，巴貝多才宣布獨立，同時也成了大英國協的一員。巴貝多島僅次於加拿大與美國，在美洲國家中發展指數是排名最高的第三位。英國人也帶來了非洲奴隸，讓他們務農，非洲人的後裔組成了現今 90% 的島上人口。所以，巴貝多島如果沒有了糖業，整座島將會完全不一樣。島上典型的景觀仍是一望無際的甘蔗田，而一大片過去的莊園（帶有奢華喬治王朝風格的加勒比海建築），則大多被改造為豪華酒店，英國氣息濃厚。

糖業帶起的風潮令巴貝多島成為度假達人必去的聖地：他們不僅懂得欣賞島上約 70 座粉紅色沙灘的魅力，也能擁抱當地歷史、文化遺址的特殊意義。這些遺址全部由信託組織管理，模式和英國國民信託組織一樣。自然景點受到悉心保護；高爾夫球場也近乎完美；當然，當地居民也有一股絕對的魅力——這一切都令人深深喜愛。

198 上 反浪沖刷鶴灘（CRANE BEACH）寬闊的海灣。安地列斯群島形成的拱型之外，就是巴貝多島，位置介於加勒比海與大西洋之間。

198 下 橫跨首府橋鎮（BRIDGETOWN）的木橋的船隻檢修處。這條木橋在成為殖民地前，是由美洲印第安人打造，因此也稱為「印第安橋」。

198-199 東岸的拔示巴（BATHSHEBA）海灘，山坡上長滿椰子樹與芭蕉樹，一路綿延到海邊。

基本概況

- **國家**：巴貝多
- **面積**：430 平方公里
- **距離本土**：851 公里，與委內瑞拉卡拉卡斯的距離
- **人口**：28 萬 5000 人
- **首府**：橋鎮
- **氣候**：熱帶氣候，氣候溫和，因為受信風吹拂的緣故，
         乾季自 12 月到 3 月
- **語言**：英語與巴貝多混合語
- **通行貨幣**：巴貝多元（Barbados dollar：BBD）

▶巴貝多島

木斯提克島

聖文森與格瑞那丁·小安地列斯群島

異國故事在這座「無人能及的島」上繼續搬演——這裡曾是蘇格蘭貴族一手打造出的海角樂園

在1958年，6萬7500美元可是一筆大數目，就算對生活優裕的蘇格蘭貴族來說，也是筆不小的花費。這正是第三代格倫康納男爵（3rd Baron Glenconner），科林·克里斯多弗·佩吉·特納（Colin Christopher Paget Tennant）買下木斯提克島的價格。這座小島位於格瑞那丁（Grenadine）群島，島名原文的意思是蚊子，除了這個毫不浪漫、無法挽救的缺點之外，其他方面則包括：九座夢幻的白色沙灘、一片碧綠得不太真實的海洋、一圈豐富亮麗的珊瑚礁群，至於島內，則是翁鬱茂密的熱帶植物。原先這裡沒有任何人居住，唯一的生物是海龜。格倫康納男爵想把這個地方打造成舒適的私人天堂，以和他的身分、地位相得益彰。於是他又花了更多的錢，不但打造了自己的新家，更在鄰近的聖文森島上，為一小群人建了一座村落與一所學校。不過，儘管這樣的生活看起來很美好，他卻是獨自一人住在島上。到了1960年，英國的瑪格麗特公主與夫婿史諾登勳爵搭乘不列塔尼亞號遊艇，前往加勒比海度蜜月，還特

別去看望他，他別有用心地送給他們一份厚禮：島上一塊面積達5公頃的土地。於是這位皇室新鄰居委託英國庭園設計師奧利弗·曼塞爾（Oliver Messel），設計了一座美輪美奐的「秀麗水宮」（Les Jolies Eaux），其餘的故事如今已毋需贅述。

今天的木斯提克島是富豪與名人的遊樂天堂，島上有將近100間豪華別墅——從文藝復興時期的風格、義大利托斯卡尼式，到東方峇里島度假風，甚至是中式建築，彼此風格迥異。其中約有74間能夠以週計期，供人租賃。這裡還有一間非常豪華的飯店：「棉花俱樂部」，是由一座殖民風格的古老建築改建而成，有精心維護的草坪、別緻的精品店，外加一間傳奇的雞尾酒吧「羅勒」（Basil's），它提供的貼心服務包括螃蟹的野餐料理、在馬卡隆尼沙灘（Macaroni Beach）上提供香檳，甚至也會安排月光下的現場爵士樂演奏。

雖然木斯提克島既豪華又時尚，而且品味顯著，但島上的一切都很人工，像是天外飛來一筆、沒有頭緒可言的設計。誠如島上其中一棟別墅的主人：著名的時裝設計師湯米·西爾菲格（Tommy Hilfiger）所說：「木斯提克島的魅力在於它的衝突感：世故卻又自然；既有加勒比海的自在感，又流露出紐約上東城的高雅。」不過維護這座島嶼的龐大開銷耗盡了格倫康納男爵的祖產，他在1976年把這座私人天堂賣給了一個財團，自己退居聖露西亞島，2010年安詳地在當地辭世。

200 木斯提克島是小安地列斯群島「皇冠上的寶石」，絕非一般的觀光地可望其項背。島上有近百座私人豪宅，很受名人歡迎。

200-201 停泊在木斯提克島首府不列塔尼亞灣的帆船，這裡擁有島上為數不多的高級設施。此島嶼是私有財產，幾十年來一直是富豪與貴族的天堂。在諸多貴客之中，其中一位是來島上度蜜月的瑪格麗特公主。

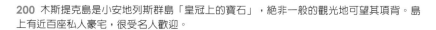

基本概況
- 國家：聖文森與格瑞那丁
- 面積：6 平方公里
- 距離本土：713 公里，與委内瑞拉卡拉卡斯的距離
- 人口：522 人
- 首府：不列塔尼亞灣（Britannia Bay）
- 氣候：熱帶氣候，全年氣溫介於攝氏 20 度到攝氏 32 度之間，乾季自 11 月到 5 月
- 語言：英語
- 通行貨幣：美元，但是官方貨幣為東格瑞那丁元（Eastern Grenadine dollar）

▶ 木斯提克島

202 以法國黃金年代（Belle Epoque）風格為基調的涼亭，色彩柔和，並帶有素淨的熱帶風情。木斯提克島的這種特色，成為英國人理想中完美的加勒比海度假之地。

202-203 島上一個經過悉心修整的花園，睡蓮漂浮在湖面上，小心守護著有那麼點勢利眼的名聲——這裡是一座僅供少數人享受的天堂。

托巴哥島

千里達與托巴哥

馬佛利號船骸沉在海綿與珊瑚之間，石斑魚來回穿梭，構成一副生動畫面

很少人知道，在哥倫布發現新大陸的同時，也把一種壞習慣帶回了歐洲：抽煙。古巴的泰諾（Taino）印第安人把煙葉折疊在他們稱為塔巴克（tabak）的陶煙管中，當成禮物送給他。沒過多久，這位來自熱那亞的航海家就迷上了它。根據哥倫布的編年史，在他第二次遠征時，就已染上煙草的癮，當他到達位於加勒比海群島最南端的島嶼，一看到島上印第安人正在吞雲吐霧，就熱情地喊道：「托巴哥！」這也就是島名的由來。

托巴哥比千里達還要小，這兩座小島共同組成一個國家，於 1963 年宣布獨立，是小安地列斯群島與委內瑞拉之間的過道。在眾多島嶼中，顯然是托巴哥島啟發了 17 世紀的英國作家丹尼爾·笛福（Daniel Defoe）寫下了名著《魯賓遜漂流記》。小說中描繪在暴風雨中，含石灰的水流蜿蜒流過

奧里諾科河（Orinoco River）匯入大海，而在這座島的前方，正好就是奧里諾科三角洲。書中還描述在魯賓遜藏身的洞穴附近，有一大群山羊令他吃了一驚。其實今天這裡還是有很多山羊，而且島上的山羊競賽可說是最有趣的民俗活動之一。

不過，整本小說對托巴哥的摹寫，最沒有說服力的就是它的「孤島情勢」，因為托巴哥島一點也不孤立。過去一連串的外國占領歷史中，島嶼曾 33 度易主：西班牙、法國、瑞典、荷蘭與英國都曾占領這裡。而且島上的居民包括了印第安人、中國人、歐洲人，與來自非洲的奴隸（目前的人口大多也都是非洲後裔）。在托巴哥度假等於沉浸在一片朝氣蓬勃、種族多元的氣氛中：森林一片欣欣向榮；而海岸風光也不遑多讓，面向大西洋的海邊，是很多由黑沙組成的沙灘；而臨著加勒比海的另一側，則以白沙沙灘為主，兩種風貌互成對比。特別是在加勒比海的島嶼末端，海洋生物多樣性特別高，多處壯觀的海中景緻使這裡成為受歡迎的潛水地點。其中一個地方位於洛磯角（Rocky Point）外海，是過去來往於千里達的大型渡輪馬佛利號（Maverick）的沉沒處。巨大的船骸現在成了多種石斑魚的家園，海底熱鬧而生生不息。

204 上　沙洛特維（Charlotteville）位於島嶼東北端，很靠近委內瑞拉。過去只是一個漁村，如今它綠意盎然的土地上已蓋有雅緻的別墅。

204 下　朝氣蓬勃的嘉年華會——熱情洋溢，充分展現千里達與托巴哥島居民體內正宗的非裔血液。

204-205　帆船與遊艇遍布托巴哥平靜的水上。由於它的地理位置特殊，颶風侵襲安地列斯群島時，這座島經常能躲過一劫。

基本概況
- 國家：千里達與托巴哥
- 面積：300 平方公里
- 距離本土：180 公里，與委內瑞拉海岸的距離
- 人口：5 萬 5000 人
- 首府：斯卡波羅（Scarborough）
- 氣候：熱帶氣候，乾季自 12 月到 6 月
- 語言：英語與托巴哥混合語
- 通行貨幣：千里達與托巴哥元（Trinidad and Tobago dollar）

托巴哥島

206-207 一位潛水者欣賞五彩繽紛的海綿與珊瑚。在托巴哥島的尖端、海下 5 到 30 公尺深的地方，有適合各式潛水活動的地點。這些地方被取了各種形象鮮明的名字：潛水人之夢、神風特攻隊專區、日本花園等。

207 托巴哥島海底的生物多樣性是眾所周知的豐富——特別對已探索過馬佛利號渡輪的潛水者來說，更是如此。這艘渡輪現在沉在 30 公尺深的海底沙地上，珊瑚與海綿生生不息地生長，也成了多種魚類（尤其是大型石斑魚）理想的棲地。

大羅奎斯島

委內瑞拉·羅奎斯群島

當船尾受到信風吹拂，航行於珊瑚礁群上方，就成了一種獨特的體驗

無論是卡拉卡斯（Caracas）這樣的大都市，或是亞馬遜叢林裡的印第安村落，只要有人居住的委內瑞拉城鎮，都會有一座名為西蒙·玻利瓦（Simón Bolívar）的廣場，以紀念這位拉丁美洲最受愛戴的革命英雄，大羅奎斯島也不例外。但是除此之外，這裡卻與委內瑞拉其他地方毫不相同。島上的大羅奎斯村只有1200位居民，其中將近一半人口是義大利人，構成這裡最活躍的社群。島上有一座又小而不可靠的電力站，外加一座海水淡化廠，除了這些「科技設備」外，大羅奎斯島現代化的速度顯然有點慢：只有一間郵局、一座急救站、一間學校，還有一些漆成白色或是其他明亮色彩的房屋，這些房屋大約有

70間是小型旅店（posadas），每年提供前來這裡的近7萬名遊客飲食和住宿。此外，小機場的跑道最近才舖上柏油，向現代化邁進。

除非是要登上那座聳立島上的燈塔，否則在大羅奎斯島無須穿鞋。因為沙灘上都是白色細沙與迷人海水，在羅奎斯國家公園（Los Roques National Park）內，鞋子是無用武之地的。這座國家公園建於1972年，是加勒比地海地區最古老、面積最大的一座，超過22萬5153公頃，裡面有多座藍色潟湖，還有約350座沙洲、珊瑚礁島和小島，其中只有大羅奎斯島有永久居民。

來到這裡度假，可以盡情享受這些大自然的餽贈，只要離開時別留下任何不好的痕跡就好。羅奎斯群島的字典裡，找不到「無聊」這個詞：下海潛水、在無人的礁島上散步，一天很快就過去了。如果想讓自己更有收穫的話，可以花一整天的時間釣魚。到了黃昏，回到大羅奎斯島後，可要嚐嚐委內瑞拉式的恩潘納達餡餅（em-panada），或是龍蝦義大利麵——用的正是道地的義大利烹調方法。

208 處處是自然美景：這就是大羅奎斯島的特色。它不但是群島中最主要的島嶼，也是加勒比海地區最大、最古老的保護區。其中有超過300種正式登記的已知物種生活在這片水域，是所有浮潛與水肺潛水愛好者的熱帶天堂。

208-209 信風不時吹拂這裡，拜它之賜，羅奎斯群島的水域成為帆船玩家的天堂。

基本概況

- **國家**：委內瑞拉
- **面積**：41 平方公里（整個羅奎斯群島）
- **距離本土**：160 公里，與卡拉卡斯港的距離
- **人口**：1200 人
- **首府**：大羅奎斯
- **氣候**：熱帶氣候，乾燥。氣溫變化不大，氣溫介於 3 月的攝氏 26 度，到 9 月的攝氏 29 度間
- **語言**：卡斯提利語及義大利語
- **通行貨幣**：波利瓦（Bolivar：VEF）

▶大羅奎斯島

210 上 大羅奎斯島上為數不多的居民，喜歡以鮮豔的顏色裝飾自己的房子，看起來就像小孩子畫冊裡的顏色全都躍上了牆面。

210 下 大羅奎斯島的小教堂，樸實的灰泥牆面只塗上一條粉藍色的邊。

210-211 大羅奎斯島的街上，居民正在進行居家養護。目前村莊中只有 1200 位居民，將近一半是義大利人。每年有 7 萬名遊客造訪此地，住在這些色彩繽紛的小旅店中。

▶波納爾島

基本概況
- 國家：荷蘭特別自治區
- 面積：288 平方公里
- 距離本土：259 公里，與委內瑞拉卡拉卡斯的距離
- 人口：1 萬 4500 人
- 首府：克拉倫迪克
- 氣候：熱帶氣候，氣候溫和，因受到信風吹拂的緣故，就算在 10 月到 2 月的溼季也很少下雨
- 語言：荷蘭語及帕皮亞門托語（Papiamentu），英語在本地也通用
- 通行貨幣：東加勒比元（East Caribbean dollar：XCD）

波納爾島

波納爾島

荷蘭·小安地列斯群島

在紅鸛群間賞鳥，這座荷屬小島上，雙眼所及都是粉紅一片

納爾島的官方縮寫是「BON」，島名在原文中意指「好空氣」（Bon-aire），但是波納爾島的紅鸛國際機場外觀卻長得像色彩鮮豔的法式邦邦糖（bonbon），和空氣較無關聯。與當地航空公司「紅鸛航空」（Flamingo Airlines）的飛機一樣，機場全漆成了粉紅色。紅鸛航空的航點分布在鄰近的阿魯巴（Aruba）與古拉索（Curaçao）等島上，提供乘客跳島式的旅程。就連島上的廣播電視公司，也取名為「紅鸛電視」。而在首府克拉倫迪克（Kralendijk）街上賣得最好的紀念品，無論是 T 恤，或是波納爾島的象徵──可愛的毛絨紅鸛鳥──也全都是粉紅色的。

想要近距離觀賞紅鸛這種水鳥界的巨星，就要前往島嶼南邊的帕咯爾湖（Pekelmeer）保護區，或是在北邊的華盛頓斯拉格巴依國家公園（Washington Slagbaai National Park），到園內的哥特米爾（Gotomeer）湖邊也能見到紅鸛。在這些地方，若運氣好的話，說不定能看到多達 1 萬隻紅鸛聚在一起的畫面，一大片的粉紅色，美不勝收。另外，在荷屬小安地列斯群島中，幾座維護得最天然的島上還能欣賞到多種鮮明活潑的色彩：多達 190 種鳥類棲息在此地（另外，小島克萊恩波納爾〔Klein Bonaire〕也是這些鳥類的棲地，它位在首府克拉倫迪克前方的

海灣），這是一座海洋公園，海洋、魚群與珊瑚礁全都在海洋公園的範圍內，受到妥善的保護。水肺潛水與浮潛愛好者也喜歡前來用鏡頭捕捉絕佳畫面。別錯過了這裡的鹽山，在熱帶的陽光照射下，相當燦爛耀眼，而且就在不到 100 年前，鹽還曾是島上主要的經濟命脈。

20 世紀初，在小安地列斯和委內瑞拉之間的海底地層發現了石油，就此穩定了波納爾島後來的繁榮穩定，該島也擬出完善計畫，發展旅遊業，而海灘就是發展重點。同時，在生態與旅遊兼顧的情形下，還有一些額外特色：保護區內設有易於徒步健行的行程，也可以去參觀荷蘭古老農場「kunuku」。最後就是島上的 300 頭驢子，牠們不時搶走紅鸛的風采。這些驢子在 200 年前就被引進島內鹽礦工作，現在生活悠閒自在，可說是享有當之無愧的退休生活了。

212-213 奇基杜灣（Chikitu）位於華盛頓斯拉格巴依國家公園內，這裡是小安地列斯群島最北端的一塊保護區。

213 在波納爾島海中潛水：潛水者的燈光照亮前面的海綿團，這團海綿位在 10 公尺深的水下，這裡是海綿理想的棲地，橘色的色彩是牠們的典型特徵。

214-215 時至今日，定居在這裡的荷蘭後裔還是喜愛鮮豔的顏色：西邊的首府克拉倫迪克的傳統建築中，可以看到這項特色。首府步道前，就是小島克萊恩波納爾。

215 左下 要體驗迷人的紅鸛鳥觀賞之旅，就要去南部的帕喀爾湖保護區，或是位於華盛頓斯拉格巴依國家公園另一端的半鹹水湖：哥特米爾湖。

215 右下 東海岸奇基塔灣內這些特殊的建築曾是奴隸的住處。由於波濤洶湧，強大的海流會捲向外海，因此海邊禁止游泳。

聖布拉斯島

巴拿馬

度一場人類學的假，見識庫納人保存完好的加勒比海精神

聖布拉斯群島可以說是像一團粉末，一路沿著與巴拿馬的加勒比海岸平行的方向，橫向分布，再往南幾乎會碰到濃密得難以穿越的達連森林（Darién）。這些群島中有超過半數是無名島。它們的數量沒有任何官方統計，數字隨大家推測：有人說一共有365座；有人說是377座，就連巴拿馬政府也沒有確切數字，只在官方文件內註明「300餘座」。

這些小島散布在海上長條形的白色沙帶與珊瑚礁群間，至於珊瑚礁群，一座的大小差不多和一間兩房公寓一樣。島嶼的確實數量，或許目前唯一清楚的人，就是庫納人（Kuna）了，他們是在哥倫布發現新大陸以前的加勒比海原住民，後來被征服者驅逐，也是最後的倖存者。庫納人原居

於巴拿馬與哥倫比亞邊境的達連森林裡，從17世紀開始，他們就遷往這些群島居住，直到今天。他們認為這塊土地是他們的神祇「Ibeorgun」的恩賜之地，所以從來不許外國人（他們稱為「waga」）在此長住。庫納人分布在大約50個島嶼的50座村莊中，不太服從巴拿馬政府的制度，只遵循村內長老（sailagan）定下的規則。不過，「原始居民是最好的生態學家」這個說法在這裡並不屬實：數百年來，庫納人完全消滅了群島上的原始植被，把這裡改造成一個龐大的椰子樹種植園，椰子加上漁業與旅遊業，成為他們的主要生計來源。從聖布拉斯島的緯度與形態來看，再說它有壯觀的海灘、清澈的海水和生機無限的珊瑚礁，就成了贅述。乘坐典型的獨木舟或單桅平底船（cayuco），就能盡情欣賞這些地方的景緻。而最重要的是，只要盡可能無視庫納人臉上故做可親，實則不耐的表情，這些小島還能讓你到庫納人神祕的世界裡一探究竟，經歷一次不同凡響的體驗，包括他們繁複的日常儀式，以及稱為莫拉斯（molas）的手織傳統拼貼布料（色彩鮮豔，印有醒目的幾何圖形和島上神奇的生物圖樣），莫拉斯可說是加勒比海地區最珍貴的手工藝品。

216 聖布拉斯群島的海灘是首選的度假地點，在離岸邊只有幾步之遙的吊床上放鬆心情。

216-217 當地語言稱為「KUNA YALA」的聖布拉斯小島，最近才剛開放觀光，重點放在可永續經營的旅遊項目上，帆船和汽船是理想的遊玩方式。

基本概況
- **國家**：巴拿馬
- **面積**：從未確切測量
- **距離本土**：距離最近的波韋尼爾（El Porvenir）半島只有 1 公里多
- **人口**：3 萬人
- **首府**：波韋尼爾（位於本土）
- **氣候**：熱帶氣候，溼熱。乾季很短，自 1 月到 3 月
- **語言**：西班牙語，庫納語
- **通行貨幣**：美元與巴拿馬巴波亞幣（Panamanian Balboa：PAB）

▶ 聖布拉斯島

218 上 從庫納族女人的傳統服飾,可看出莫拉斯布料的五彩繽紛,還有精采的動物造型設計。這種文化的魅力,在於它不受外來優勢族群的影響。

218 下 與其他加勒比海民族比起來,這些布匹的風格和製作技術更顯出庫納人與眾不同的民族起源。事實上,他們是從現今哥倫比亞遷移到島上的民族的後裔。

219 這位庫納族女士身著明亮服裝,似乎對攝影師心有不滿。雖然他們已經接受外來人士出現在島上,但是庫納人還是對陌生人充滿不信任。

非南多諾羅涅

基本概況

- 國家：巴西
- 面積：17 公里
- 距離本土：545 公里，到珀南布科（Pernambuco）海岸的距離
- 人口：3500 人
- 首府：非南多諾羅涅
- 氣候：位於南緯 3 度，全年平均氣溫是攝氏 28 度，4 月到 8 月
  較溼熱，有短暫陣雨
- 語言：葡萄牙語
- 通行貨幣：巴西里爾（Brazilian Real：BRL）

非南多諾羅涅

非南多諾羅涅

巴西·非南多諾羅涅群島

自深淵挺立而出的世界——恍若初生。邂逅此地，難免感到悵然若失

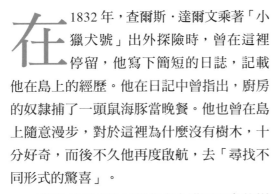

在1832年，查爾斯·達爾文乘著「小獵犬號」出外探險時，曾在這裡停留，他寫下簡短的日誌，記載他在島上的經歷。他在日記中曾指出，廚房的奴隸捕了一頭鼠海豚當晚餐。他也曾在島上隨意漫步，對於這裡為什麼沒有樹木，十分好奇，而後不久他再度啟航，去「尋找不同形式的驚喜」。

達爾文不可能知道非南多諾羅涅島的樹木，早在十年前就被全部砍光，以防森林被囚犯用來藏身。很少人知道這座偏遠島嶼的存在，因此1739年間，葡萄牙人把這裡當成流放犯人的地方。這座島嶼在1503年被義大利探險家亞美利哥·韋斯普奇（Amerigo Vespucci）發現，英文中的「美洲」就是用他的名字來命名，他把這座島獻給貴族非南多諾羅涅，雖然這位貴族以自己的名字命名這座島（島名拼法與他的人名不大一樣），不過他從未踏上這塊土地，很快就忘了它的存在。可惜達爾文並未仔細觀察這座島嶼，否則他應該會發現這裡的自然奇景包含21座小島、懸崖與一些龐大的火山峰——聳立在大西洋上，高達4000公尺。他也會發現島上有趣的植物相與動物相。特殊的動物包括各種鳥類、奇怪的兩棲類與爬蟲類，怪異的雙頭爬蟲類 *Amphisbaena ridleyi* 就是首先

值得一提的。更別說群島四周溫暖的海域中，還住著多種海洋哺乳類、海龜、魚類與珊瑚。

非南多諾羅涅島受國家公園保護，在今天的巴西，它成了博物學者和遊客的海上香格里拉，這些人必須遵守嚴格的規定，才能享受美麗的島嶼風光。島上景觀包括壯觀的白色沙灘——以火山岩建成的堡壘雄據其上，以及必須通過健行步道才到得了的島內谷地。另外，海面下也有許多景點。為了保護環境，巴西政府訂下規定，不鼓勵人到此長久居住，每天最多開放700名遊客參觀。這些少數遊客必須支付一筆沉重的度假稅，還要加上其他惱人的生態旅遊活動費用。費用固然高，不過這是一種保障：非南多諾羅涅之行絕對物超所值，甚至在遊客離開時，他們還得到一種奇怪的症狀，簡單來說就是「思天堂症」，當地人稱之為「neuronha」。

220-221 兄弟岩（Dois Irmãos）自豬灣（Baía dos Porcos）水面挺立而出，這裡藏有一座幾乎無法到達的海灘。

221 在這裸體主義者的樂園中，可以看到很多歷史的痕跡，例如這座雷梅迪奧斯夫人（Nossa Senhora dos Remedios）堡壘。

222-223 深色的鰹鳥翅膀張開時長度可達 2 公尺，島上有數十種鳥類棲息，其中一些是地方特有種。

223 上 雄偉的軍艦鳥飛翔的英姿。在繁殖季，雄性軍艦鳥的頸部會脹大，以吸引雌鳥的注意，同時還發出類似響尾蛇的聲音。

223 下 這座隸屬巴西的島嶼附近水域很深，是個理想的潛水地點，照片中的潛水者遇上一群鯖魚。

科羅爾島

帛琉‧帛琉群島

飛機殘骸、成群結隊的魟魚、碩大的巨硨磲蛤，還有在鹹水湖裡
跳舞一般優游自在的水母

是的，在科羅爾島（Koror）周圍，有數以百萬計的水母在透明清澈，且含有大量氧氣的海水中，隨著古典音樂的旋律左右悠泳。這些水母對人類無害，但被牠們螫到時還是會微微感到刺痛。這裡指的是金黃色的水母，由於長時間與外界隔離，這些水母已經演化得跟鄰近潟湖裡的「近親」不太一樣。牠們生活在帛琉人口中的水母湖（Ongeim'l Tketau）裡，這個水母湖再透過埃爾馬爾克島（Eil Malk；它是無人居住的洛克群島中的其中一座小島）中心一連串的縫隙和地底水道與太平洋相通。

在這個「水母湖」裡浮潛，是帛琉能帶給遊客最刺激的感官享受之一。在 1994 年成功爭取獨立的帛琉，是全球現今年紀最輕的國家之一，也是「居民」最少的國家之一（如果這裡的「居民」單指人類的話）。這片與菲律賓海岸距離 500 公里的密克羅尼西亞群島，海域中一共孕育了 1300 種魚（其中包括類豐富的深海魚及大量的蝠魟〔devil ray fish〕）和 700 種珊瑚。在海中垂直向上疊的珊瑚礁，對目前已瀕臨絕種、許多國家也明令禁止捕獵的鯊魚來說，就像個巨大的庇護所。不僅如此，帛琉附近的水底花園裡還有種類多到令人目不暇給的蚌蛤、地球上體型最龐大的雙殼綱軟體動物——巨硨磲蛤（Tridacna giga，其中有些重量甚至可達 250 公斤），以及第二次世界大戰期間在此失事、數量可觀的船艦殘骸（當時這裡是日本的殖民地）。要探索帛琉，最好的方式就是搭船，而船程的最佳起點就是科羅爾島。科羅爾島事實上是由兩座小島所組成，即安格利奇比桑島（Ngerekebesang）和馬拉卡爾島（Malakal），它們之間還以一座相當現代化的橋相連。在帛琉的 16 個行政區中，科羅爾州設施最完備也最適合旅遊，它是密克羅尼西亞文化的絕佳典範，由於重視環保，該國成立了一個對外開放的海豚保護中心。離科羅爾島不遠處，旅客還可以順道遊覽一下洛克群島——位在太平洋上、形狀像糖麵包、植物生長茂盛的洛克群島……簡直就是伊甸園中的伊甸園！

224 上 曾為帛琉首都的科羅爾，有個設備完善的海豚訓練中心能讓旅客前來參觀。

224 下 位於帛琉國家博物館（Belau National Museum）內的這座傳統小茅屋，是帛琉人過去的聚會場所。想了解密克羅尼西亞文化的遊客，絕對不能錯過這個景點。

224-225 洛克群島這座綠色迷宮，是全世界所有潛水愛好者夢想中的天堂。這裡不但有許多地方適合潛水，潛水者還可以見識到令人嘆為觀止的生態系，以及一隻隻巨大的鯊魚或魟魚從 30 公尺高的藍色珊瑚礁旁從容游過。

基本概況
- 國家：帛琉
- 面積：1125 平方公里
- 距離本土：距離澳洲達爾文（Darwin）約 2217 公里
- 人口：1 萬 4000 人
- 首府：科羅爾
- 氣候：熱帶氣候，潮溼，終年氣溫在攝氏 27 度左右，溼
  度在 82% 左右，11 月到 5 月雨量較少
- 語言：英語、帛琉語、日語
- 通行貨幣：美元

科羅爾島 ▶

226-227 圖中，潛水者正在探索第二次大戰期間失事的日本戰機遺骸。 沈船潛水是前來帛琉群島的旅客能經歷最刺激的體驗之一，這裡的潛水地點也號稱是全世界最多的。

227 長有長長分枝的軟珊瑚（dendronephthya coral）是海星的棲地。在帛琉周圍的海域裡，大約生活著 1300 種魚和 700 種珊瑚。魟魚成群結隊地優游，在這裡也很常見。

漢米頓島

澳洲・聖靈降臨群島

美麗的仙境連大自然的一顆「心」都能夠擄獲

班・索撒爾（Ben Southall）是個幸運星。2009 年，昆士蘭州政府以「全世界最棒的工作」當作廣告宣傳，在網路上舉辦了徵選「漢米頓島（Hamilton Island）守護者」的比賽。沒想到，這個來自英國、年紀才 30 出頭的前園藝飾品工廠員工：索撒爾，成功打敗了其他 3 萬 4000 名參賽者，得到了這份工作。而且，這份工作只需要索撒爾在這座聖靈降臨群島（Whitsunday archipelago）中央的漢米頓島沙灘上和海中盡情享受，再把心得分享在部落格上。

儘管這只是份有期限的約聘工作，索撒爾的好運還是令無數人豔羨不已。而且，由於在這個領域中累積了不少能力，索撒爾一直到 2011 年仍持續從事這方面的工作，甚至成為「全世界最美麗的探險」（most beautiful expedition in the world）系列活動

的主角；在幾個月的時間內，他以漢米頓島為起點，搭帆船或獨木舟，沿著長達 1600 公里的大堡礁（同時也是全世界範圍最大的受保護海域），遊歷了好幾個地方（另外也參與了一些海底攝影的工作）。

幾年下來，昆士蘭州政府投資了 170 萬澳幣為索撒爾所做的工作進行宣傳，成功吸引了許多遊客來到此地，賺進了 4 億 5000 萬元左右的觀光收入。當然，這一方面得歸功於索撒爾在部落格上張貼的美不勝收的照片和生動活潑的報導，讓這股旅遊熱潮能持續加溫，也使得漢米頓島成為許多觀光客心目中最理想的度假天堂。

在面積僅 5 平方公里的島上是禁止開車的。由於漢米頓島是聖靈降臨群島 74 個小島中唯一「積極」發展觀光的島嶼，它成了進入大堡礁這個完美小宇宙的最佳入口。遊客可以依據預算多寡，在島上找到適合自己的飯店或旅館，至於美食餐廳和夜生活，這裡也一應俱全。喜好體育活動的遊客，在這裡有數不盡的選擇；喜愛熱帶自然景觀的人，則能夠和無尾熊近距離接觸，或是在 6 月到 9 月間觀賞鯨魚的遷徙。島上某些海灘絕非浪得虛名（白天堂沙灘〔Whitehaven〕就是個最好的例子）。此外，這裡還有一片美得令人屏息的心形礁（Heart Reef），從空中往下鳥瞰，會發現它呈一個完整的心形。

228 位在昆士蘭沿岸外的漢米頓島是大堡礁的一部份，也是澳洲的天然奇景之一。

228-229 在舌頭岬（Tongue Point）的瞭望臺上，遊客能盡情觀賞潮水在白天堂沙灘（全世界最棒的海灘之一）乾淨無暇的白沙上所激起色彩繽紛的浪花。看向遠處的另一端，還能把希爾灣（Hill Inlet）的美景盡收眼底。

基本概況

- 國家：澳洲昆士蘭
- 面積：5 平方公里
- 距離本土：距離昆士蘭海岸約 16 公里
- 人口：1347 人
- 首府：馬里納村（Marina Village）
- 氣候：熱帶氣候，氣溫介於攝氏 30 度（12 月、1 月）到 24 度之間（6、7 月）
- 語言：英語
- 通行貨幣：澳幣

▶ 漢米頓島

230 珊瑚礁在大堡礁附近的海面上形成了各式各樣的圖案,其中最迷人的,無疑是名副其實的心形礁。

230-231 搭飛機從空中鳥瞰哈迪礁(Hardy Reef),絕對讓人畢生難忘。當潮水水位降低,珊瑚礁露出海面時,許多繁複美妙的圖案彷彿就像稜鏡折射出的畫面,呈現出五彩繽紛的色澤。

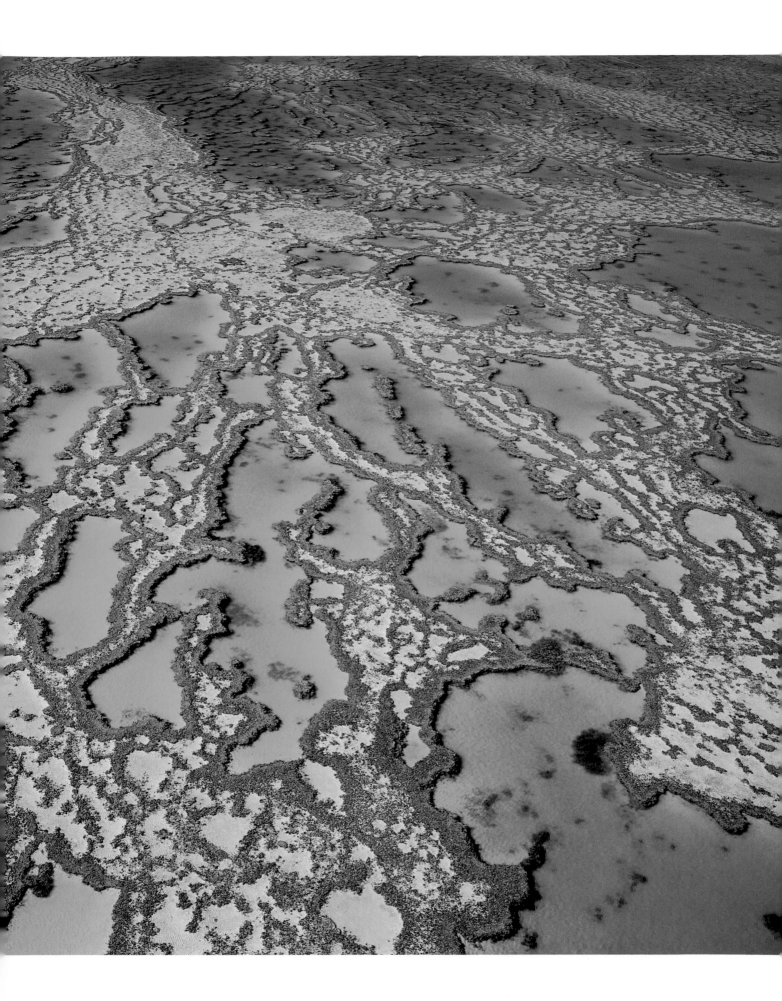

基本概況

- **國家**：澳洲
- **面積**：4405 平方公里
- **距離本土**：距離南澳的哲維斯角（Cape Jervis）約 13 公里
- **人口**：4400 人
- **首府**：京斯科特
- **氣候**：亞熱帶氣候。如地中海地區一樣時常有海風吹拂。乾燥。
  氣溫平均攝氏 25 度。12 月到隔年 2 月為夏季
- **語言**：英語
- **通行貨幣**：澳幣

袋鼠島

袋鼠島

澳洲

美味的蜂蜜、乳酪、紅酒和形形色色的藝術家——南澳天堂

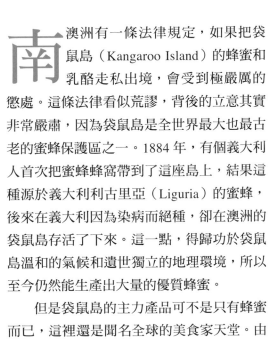

南澳洲有一條法律規定，如果把袋鼠島（Kangaroo Island）的蜂蜜和乳酪走私出境，會受到極嚴厲的懲處。這條法律看似荒謬，背後的立意其實非常嚴肅，因為袋鼠島是全世界最大也最古老的蜜蜂保護區之一。1884 年，有個義大利人首次把蜜蜂蜂窩帶到了這座島上，結果這種源於義大利利古里亞（Liguria）的蜜蜂，後來在義大利因為染病而絕種，卻在澳洲的袋鼠島存活了下來。這一點，得歸功於袋鼠島溫和的氣候和遺世獨立的地理環境，所以至今仍然能生產出大量的優質蜂蜜。

但是袋鼠島的主力產品可不是只有蜂蜜而已，這裡還是聞名全球的美食家天堂。由於島上有廣闊的草原，這裡生產的乳酪不但滋味濃郁，而且肯定是百分之百有機的。另外，在紐澳地區一些最香醇的混合葡萄酒（cuvée），就是用袋鼠島上的葡萄釀造。島上的尤加利樹還能提煉出芳香無比的精油。這裡的海產也很豐富，不管是美味絕倫的岩龍蝦（rock lobster）、最頂級的生蠔，或是東方人深信能滋補壯陽的鮑魚，在這裡都吃得到。

喜歡冒險的遊客來到袋鼠島絕對不虛此行，它也可以滿足其他各種旅遊需求：島上有好幾座自然公園，例如弗林德斯徹斯國家公園（Flinders Chase National Park）和海豹灣保育公園（Seal Bay Conservation Park），都不會令熱愛大自然的遊客失望。這個島有三分之一都被劃入了保育區，是袋鼠、針鼴（echidna）、食蟻獸、無尾熊、海豹、海獅和企鵝等奇珍異獸的棲地。同時，袋鼠島也是登山、健行或騎馬的理想地點。島上還有一些奢華無比的小飯店隱身鄉野間，也有以舊燈塔改建而成、可以俯瞰珊瑚礁美景的旅館，浪漫的假期可以在這些地方度過。島上的 4400 位居民，多半身兼數職，除了務農、捕魚，許多人同時也從事藝術創作，例如繪畫、雕刻、製陶、編織、吹玻璃、鍛金等，因此袋鼠島的中心京斯科特（Kingscote）就像個「開放式藝廊」，洋溢著十足的都會氛圍。如今已很難想像 150 年前，這個文明尚未開化、居民以捕獵海豹為生的不毛之地，居然成了許多人心中嚮往的世外桃源。

232-233 位在袋鼠島南岸廣闊的佩寧頓灣（Pennington Bay），儘管波濤洶湧，卻深受衝浪客的喜好。

233 捕獵海豹曾經是袋鼠島居民的主要生計來源，如今這些可愛的哺乳類不再需要擔心被獵殺，因為海豹灣保育公園為他們提供了一個很安全的庇護所。

234-235 位於袋鼠島南岸的弗林德斯徹斯國家公園，以造型特殊、如雕塑作品般的岩石聞名，像這塊「奇岩巨石」（Remarkable Rocks）就名不虛傳。而當地獨特的地質特徵，也為許多動物提供了安全的庇護所，尤其是有袋類動物、袋鼠、無尾熊、針鼴，以及一些只在澳洲才見得到的奇珍異獸。

235 像圖中這樣的廣大沙洲，是諾拉波國家公園（Nullarbor National Park）的典型特色。距離袋鼠島不遠的諾拉波國家公園，是南澳最有趣的景點之一。這裡同時也是袋熊（wombat）和其他看起來像大鼠的有袋類的棲地。

維提島

斐濟群島

喝杯卡瓦酒來祈求風調雨順──古老儀式的進化版

有種病症，照理說應該要列入醫學手冊才對，那就是「南太平洋症候群」（The South Seas syndrome）。因為不少人只要一踏上斐濟的任何一座小島，心裡就會產生一股衝動，想要永遠待在那裡。由大約 330 座火山島和珊瑚礁島所組成的斐濟群島，有許多美妙的白色沙灘和潟湖，剛好符合了一度風靡全世界的名片《藍色珊瑚礁》（Blue Lagoon）所塑造出的典型印象。到了這裡，說不定你會祈禱自己遭遇船難，就能像賣座電影《浩劫重生》（Castaway）裡的湯姆．漢克斯（Tom Hanks）一樣（這部片就是在斐濟的某座小島上拍攝），在這裡度過餘生，成天能游泳、衝浪，或潛入海中欣賞全球第三大珊瑚礁組成的海底迷宮。除此之外，你可能還會渴望體驗那傳說中威力無窮的暴風雨，在雨林裡尋找遮風避雨處，或探索火山峰，欣賞島上各種古老景觀──而維提島（Viti Levu）正是斐濟群島中面積最大、景致也最多樣化的小島。

但這只不過是南太平洋症候群的初步症狀而已。如果你想暫時回歸塵世，接觸人群，不妨到維提島東南岸上的斐濟首府蘇瓦（Suva）走一走。蘇瓦是一個奇妙的綜合體，既有維多利亞式的建築，也有東方色彩濃厚的市場。沒錯，這裡有不少居民都來自東方（其中包括中國人和印度人，他們都是在 19 世紀來到此地甘蔗園工作的），而且在總人口中的比例和美拉尼西亞人（Melanesian）不相上下。說到美拉尼西亞人，過去有不少歐洲探險家都在旅遊日誌裡形容他們是「地球上最野蠻的民族」。的確，在 20 世紀初，用這麼駭人的字眼來形容斐濟群島上的印第安人或許不為過；據說過去的維提島原住民有個傳統，就是在戰役結束後，戰勝的一方會把戰敗者煮來吃。但這個吃人的傳統已成為歷史，如今的美拉尼西亞人以溫和及好客的性情聞名於世！

在島上閒晃，你可能會受邀加入一種名為布勞（burau）的儀式。儀式中，他們會請你喝卡瓦酒（kava），這是種用胡椒根釀製而成的飲料，一般以剖半的椰子殼盛裝來飲用。儘管看起來不怎麼可口，但是非得喝不可，否則可能會冒犯到斐濟人。今天的布勞儀式在這個群島天堂中象徵了兄弟情誼，但在很久以前，卡瓦酒可是以敵人的頭骨盛裝來飲用的。如此看來，這個「恐怖的特色」或許反而能治癒南太平洋症候群也說不定。

237 在維提島的雨林迷宮裡，壯麗的瀑布旁遍地可見長有細嫩花朵的卡瓦胡椒。用卡瓦胡椒根製成的卡瓦酒，是斐濟共和國的國民飲料，一般盛裝在剖半的椰子殼裡來飲用。

基本概況
- 國家：斐濟共和國
- 面積：10 平方公里
- 距離本土：距離澳洲布里斯本約 2795 公里
- 人口：58 萬人
- 首府：蘇瓦
- 氣候：亞熱帶氣候，潮溼，終年氣溫在攝氏 25 度左右，11 月到 4 月間雨量豐沛，在東岸更是如此
- 語言：英語、帛琉語、日語
- 通行貨幣：斐幣

維提島 ▶

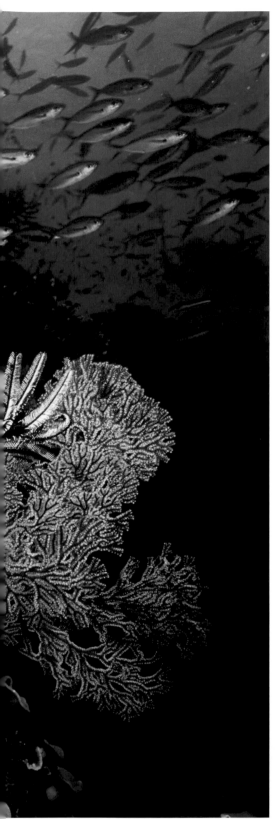

238-239 斐濟的珊瑚堡礁的規模在全世界排名第三大。這些絢麗多彩的珊瑚充分展現了斐濟海域裡的生物多樣性。

239 位於斐濟首府蘇瓦南方 50 公里處的太平洋港（Pacific Harbor），其海灘是著名的海濱度假勝地之一。要是有機會來到維提島內陸，不妨到山丘上的傳統村莊裡看一看，這些山丘中有一座是全島最高峰：海拔 1300 公尺高的托馬尼維峰（Tomanivi）。

瓦瓦烏島

東加

從賞鯨到目睹新島嶼的誕生，東加王國的瓦瓦烏群島絕對可以帶給你許多感動

在 2006 年，弗雷德瑞克・法蘭森（Fredrik Fransson）從布里斯本出發，啟程前往南太平洋進行海上探險，當時他想必是要以寫部落格的方式，讓親朋好友得知他最新的近況。然而他絕對沒料想到，在 8 月 17 號寄出的那封電子郵件，後來竟登上世界各大報的頭版頭條。當天，他駕駛著他的麥肯號（Maiken）遊艇在瓦瓦烏群島間前進，突然間，眼前出現了一個白色沙岸——一個在航海地圖上並沒有標示的沙岸。當船愈開愈近，一股神祕的力量突然讓沙岸擴張開來。這個詭譎的現象被法蘭森記錄了下來。幾個小時後，他透過網路上的回饋意見，才知道自己剛見證了一個新島嶼的誕生——起因是海底火山爆發。

這位麥肯號船員就是運氣夠好，才能目睹這樣的奇觀，畢竟這是千載難逢的機會。包括瓦瓦烏（Vava'u）和另外 40 多個小島在內的瓦瓦烏群島，是東加王國四個群島中

的其中之一，無論何時，它都能帶給遊客刺激的感官體驗。每年 7 月，許多鯨魚會從南極洲出發，歷經 8047 公里的長途遷徙，來到瓦瓦烏群島周圍平靜、溫暖的水域產下鯨魚寶寶，直到 10 中旬小鯨魚斷奶後，牠們才離去。在這段期間，如果遊客夠幸運，就可近距離與牠們接觸，感受一下在這些海中的龐然大物身旁游泳的感覺，甚至還能親眼見到牠們哺育下一代。這個小島的全年 365 天，對於喜歡探險漂流的「魯賓遜」們而言，簡直就是個天堂。色彩繽紛的海水，美得像是以繪圖軟體 Photoshop 修圖後的結果。另外，這裡有個生物多樣性極高的堡礁，即使在水面下 40 公尺依然有不錯的能見度，因此對潛水愛好者，以及像法蘭森這樣喜愛航海的人來說，同樣是個美妙天堂。

一些海盜認為，避難港（Port of Refuge）是整個南太平洋地區最安全（而我們認為也是最令人嘆為觀止）的登陸位置。它位於與瓦瓦烏島同名的瓦瓦烏灣內，是整個群島最熱鬧也最雅緻的旅遊景點。島上洋溢著都會氛圍，只要沿路到幾個小島上逛逛，最後就會到達東加王國（南太平洋上唯一的君主專制國家）的首都：內亞夫（Neiafu），可以見識到該國的風俗民情。幸運的話，或許還能一睹為快迎接國王喬治圖普五世（George Tupou V）來此巡視的莊嚴儀式。

240 如今依然實施君主體制的東加王國，是由四個島群所構成，而瓦瓦烏島正是其中的主要島嶼。

240-241 瓦瓦烏島的海水非常清澈，即使在水面下 30 公尺依然可清楚看見海床，由於生物種類繁多，這裡也成了著名的高地釣魚地點之一。

瓦瓦烏島

基本概況
- 國家：東加王國
- 面積：89 平方公里
- 距離本土：距離澳洲布里斯本 4388 公里
- 人口：1 萬人
- 首府：內亞夫
- 氣候：熱帶氣候，4 月到 10 月為乾季
- 語言：東加語、英語
- 通行貨幣：潘加幣

242 燕子洞（Swallow's Cave）是瓦瓦烏海床上的深谷開口之一。光線透過岩洞口灑入，照亮魚群在洞中游泳的景象。

243 大座頭鯨帶著小座頭鯨一起游泳。每年 7 月，這些鯨魚會從南極洲遷徙過來，在瓦瓦烏群島附近的海域生下鯨魚寶寶，直到 10 中旬小鯨魚斷奶後才離開。在此期間，遊客除了坐船賞鯨之外，還可以跳下水跟牠們一起游泳。

▶烏波盧島

基本概況

- 國家：薩摩亞
- 面積：1125 平方公里
- 距離本土：距離澳洲布里斯本約 3922 公里
- 人口：13 萬 5000 人
- 首府：阿庇亞
- 氣候：熱帶氣候。受季風影響，終年氣溫在攝氏 29 度左右，
  5 月到 10 月為乾季
- 語言：薩摩亞語、英語
- 通行貨幣：塔拉幣（Tala）

烏波盧島

薩摩亞群島

在史蒂文森心目中的天堂裡體驗「薩摩亞的生活方式」

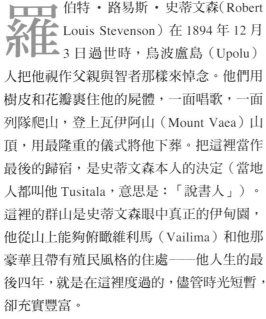

羅伯特・路易斯・史蒂文森（Robert Louis Stevenson）在 1894 年 12 月 3 日過世時，烏波盧島（Upolu）人把他視作父親與智者那樣來悼念。他們用樹皮和花瓣裹住他的屍體，一面唱歌，一面列隊爬山，登上瓦伊阿山（Mount Vaea）山頂，用最隆重的儀式將他下葬。把這裡當作最後的歸宿，是史蒂文森本人的決定（當地人都叫他 Tusitala，意思是：「說書人」）。這裡的群山是史蒂文森眼中真正的伊甸園，他從山上能夠俯瞰維利馬（Vailima）和他那豪華且帶有殖民風格的住處——他人生的最後四年，就是在這裡度過的，儘管時光短暫，卻充實豐富。

著有《金銀島》（Treasure Island）與《黑箭》（The Black Arrow）等多部名著的史蒂文森之所以會在這裡落腳，是出於各種因緣際會。當時，他因為健康問題想要找個氣候溫和的地方養病。結果一見到烏波盧島，他就愛上了這裡。在他過世後，生前所住的房屋被改作為博物館，有機會到薩摩亞群島一遊的旅客，絕對不該錯過這個景點，博物館會令人大開眼界。

史蒂文森的確眼光獨到，因為大概再也沒有一個島會比烏波盧更富「文學氣息」了。這座青蔥蓊鬱的火山島上有溪谷、瀑布、陡峭的黑色峽谷、海灣，和美得令人屏息的潟湖，整座島散發一股神祕的魅力，而且彷彿這位偉大小說家筆下所描述的島嶼，就具象地展現在人們眼前。島上還有許多美得不太真實的地方，例如綿長的拉洛曼奴海灘（Lalomanu）和「大洞」（To Sua），這個翠綠的湖泊，四周被火山熔岩包圍，並透過地下溝渠與太平洋相通，於是水邊的巨大蕨類植物就能得到滋養。想體驗一種如夢似幻而寧靜的和諧感受，就要造訪當地的村莊、首都阿庇亞（Apia）多采多姿的市場，或是接觸在地的傳統民俗（例如優雅的希瓦舞〔siva dance〕或印花腰布〔lava-lava〕編織藝術——這些都是薩摩亞生活方式最直接也最經典的元素）。薩摩亞的生活方式緊密連結著自然、海洋，以及人們對大環境的熱愛。儘管歷經了長年的殖民統治與現代化，這個地方仍保有濃厚的波里尼西亞精神，唯一的例外可能是：這裡的人很熱衷橄欖球這種源自歐洲的運動。對薩摩亞人來說，橄欖球是多種「勇士」競技中，最高貴也最能展現運動家精神的。

244-245 烏波盧島有許多海灘，如拉洛曼奴海灘和瑪它瑞瓦海灘（Matareva），在阿萊帕塔（Aleipata）附近還有個壯觀的珊瑚堡礁。

245 帕帕帕排泰瀑布（Papapapaitai Falls）是薩摩亞群島海拔最高的地方之一。這個位在烏波盧的自然景點，跟「大洞」一樣，是個很有特色的天然湖泊，四周被火山熔岩包圍，並透過地底溝渠與外海相通。

艾圖塔基島 ▶

基本概況

- 國家：庫克群島
- 面積：18 平方公里
- 距離本土：：距離澳洲 5132 公里
- 人口：2194 人
- 首府：阿魯坦加（Arutanga）
- 氣候：熱帶氣候，平均氣溫在攝氏 19 到 29 度間，5 月到 10 月為乾季
- 語言：英語、毛利語
- 通行貨幣：紐西蘭幣

艾圖塔基島

庫克群島

在古南太平洋人的應許之地上邂逅最完美的珊瑚礁島

艾圖塔基島（Aitutaki）的原住民聲稱他們是魯（Ru）的後裔。魯是一位偉大的戰士和航海家，有一天，他決定離開古波里尼西亞人傳說中的故鄉阿瓦基（Avaiki），帶著四名妻子和一群美若天仙的侍女，一路長途跋涉，在某個月影飄搖的寧靜夜晚，踏上了艾圖塔基島。結果，他被島上那廣闊浩瀚的潟湖給深深打動，決定永遠待在這裡，而且只靠愛為生。

我們知道，神話總是傳達了某種程度的真理，因此我們不難相信，這個「近乎環礁」的小島（說它「近乎環礁」是因為這個島主要是由火山岩和珊瑚礁岩所構成），對當初的南太平洋原住民而言可能真是個應許之地。我們把時鐘快轉一下。同樣具有傳說般地位的旅遊指南，孤獨星球（Lonely Planet）的創辦人──來自澳洲的托尼‧惠勒（Tony Wheeler）──也宣稱艾圖塔基是波里尼西亞地區的最佳旅遊首選。畢竟，這裡的自然景觀極符合一般人對熱帶天堂的想像：有潟湖、色彩繽紛的魚類，還有珊瑚像珍珠般沿著堡礁散布開來。艾圖塔基島，是庫克群島 15 個「motu」（即珊瑚礁島）之一。此外，這裡的原住民也秉持了祖先「魯」的精神，以樂天知命、充滿愛心而聞名於世。

受到 19 世紀英國傳教士的影響，這裡的原住民是整個南太平洋地區最早信基督教的民族；事實上，島上最主要且具紀念意義的建物就是座基督教堂──該教堂是在 1823 年用珊瑚礁岩建造而成，同時也是整個庫克群島中最古老的一座。然而，他們並沒有放棄原本的自然崇拜傳統──儘管當初那些英格蘭牧師嚴厲禁止，他們仍堅持用極撩人的舞蹈來禮讚大自然的力量。時至今日，我們仍然可以在遍地棕櫚的維派村（Vaipae）看到村民在禮拜日做完彌撒後，跳這類舞蹈以示慶祝──這個村莊因為村民多半很有表演天分，還被封上「好萊塢」的外號。艾圖塔基島的活力與歡樂，連在傳統的週末市集上也感受得到。但除了活潑與歡快，若想體驗一下原始的孤獨感，則可以到一足島（One Foot Island）走一走。一足島是這整個潟湖區最羅曼蒂克的地方，踏上這裡，你會覺得自己彷彿是開天闢地以來，在這些沙上留下足跡的第一人。

246-247 一足島是艾圖塔基的一個小型的衛星島，在各方面都完全符合一般人對南太平洋異國天堂的想像；它的美好是筆墨難以形容的。

247 上 這張從艾圖塔基島（庫克群島的 15 個小島之一）的空拍照片，完美捕捉了島上潟湖的美景。

247 下 位於夏威夷和紐西蘭之間的庫克群島，是整個南太平洋地區最早信奉基督教的地方，這座建於 19 世紀、位於阿魯坦加的教堂是個最佳證明。

▼木雷亞島

基本概況

- **國家**：法屬玻里尼西亞社會群島
- **面積**：134 平方公里
- **距離本土**：距離澳洲 6290 公里
- **人口**：1 萬 6191 人
- **首府**：阿費雷艾杜（Afareaitu）
- **氣候**：熱帶氣候，潮溼，終年有信風吹拂，氣溫在攝氏 25 到
  30 度之間，4 月到 10 月為乾季
- **語言**：法語、大溪地語
- **通行貨幣**：太平洋法郎

木雷亞島

法屬玻里尼西亞社會群島

樂園中的珍貴碩果——它們是全球最美海域中的黑珍珠

有一種飯店，地基是建在水裡，玻璃地板則讓人感覺像戴著超大的蛙鏡，實在一點也不浪漫。但如今這種飯店在各大洲的熱帶度假樂園裡比比皆是。這種飯店客房的建築形式起源於 1960 年代，當時，三個來自美國加州的小伙子大學剛畢業，決定到法屬玻里尼西亞去闖一闖。他們給自己起了「峇厘嗨男孩」（Bali Hai Boys）的封號，並決定把木雷亞島（Moorea）當成他們探險的據點，然後在好幾座最碧綠的潟湖上方蓋了許多這樣的度假別墅。

這種「懸空」建在海上的小屋，還有人為它發明了一個詞彙，稱作「椿屋」（pile），這個詞後來也成了大溪地語的一部分，但環保人士認為這種建築會破壞自然景觀，所以持反對態度。理論上一般人應該會同意環保人士的看法，畢竟，看著那藍得不可思議的雙子灣（即庫克灣〔Cook's Bay〕與歐普諾胡灣〔Opunohu Bay〕）被一棟棟椿屋占據，的確有點煞風景。如今，從空中往下俯瞰，我們再也見不到木雷亞島的原始樣貌：一個由珊瑚礁「框」起來的完美心形島嶼——這個景象達爾文（Charles Darwin）曾用「畫框中的畫」來形容（當時，為了研究出環礁形成的理論，達爾文曾遠從 20 公里外的一座大溪地山頂觀察木雷亞島）。時至今日，那些搭飛機來木雷亞島玩的遊客，可能不止

對環礁感興趣，對他們來說，從空中俯瞰海面上星羅棋布的小屋，只不過是這趟旅遊的「前戲」而已。

很多人都知道，木雷亞島是整個社會群島中最受歡迎的蜜月勝地。它不像大溪地那麼「都會化」，所以是許多人心目中度蜜月的夢幻地點。來到這裡，不管在海面上，或是海面之下，所見之物都有近乎完美的景致作為背景——自然賦予此地的厚禮美得令人屏息。同樣令人嘆為觀止的，是「平民化」的帝吉村（Tiki Village）。以傳統村莊為典型打造出來的帝吉村，是社會群島最主要的文化景點之一，在這裡，遊客可以看到充滿民族風的舞蹈表演。黑珍珠養殖則是島嶼另一個迷人之處；來到玻里尼西亞旅遊，還有什麼比黑珍珠這種珍貴的愛的象徵更值得帶回家作紀念？

248-249 這是一張從木雷亞島上方空拍的照片。儘管距離大溪地只有 35 分鐘船程，這個地方卻要比大溪地清靜許多。島上值得遊覽的地方包括了以傳統茅屋改建而成、稱為「法雷」（Fale）的豪華度假村，它為本地賺進了不少觀光財。

249 上 這間雙鐘塔造型的教堂位在木雷亞島南岸、草木扶疏的哈皮蒂（Haapiti）。木雷亞島是在 19 世紀初受到英國新教傳教士影響而改信基督的。

249 下 這間五顏六色的紀念品店位在木雷亞島北岸的庫克灣（雙子灣之一）。島的四周被珊瑚堡礁包圍，並透過 12 個往內凹的「通道」（pass）與外海相通。

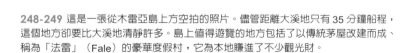

波拉波拉島

法屬玻里尼西亞社會群島

到藍色的潟湖上方，在「飛機度假村」或「現代化茅屋」裡度過神奇的夜晚

對玻里尼西亞人而言，波拉波拉島（Bora Bora）才是「瓦瓦烏」（Vava'u，意即最早誕生的），它是達亞羅亞神（Taaroa）最早創造出來的東西。的確，不管是 1770 年踏上此地的詹姆士‧庫克（James Cook），或是今天的成千上萬名旅客，都公認波拉波拉是全世界最美的島（雖然是最「美」而不是最「早」）。這樣的封號波拉波拉島當之無愧，儘管地理位置不佳，形狀也不怎麼突出，這個島卻完美體現了人們對夢幻島嶼的想像。位在社會群島背風面，曾為法國殖民地的波拉波拉島，其實是一座面積僅 38 平方公里、由 300 萬年前的火山爆發所形成的火山島。島上植物茂盛、花草芳香，還聳立了兩座黑色的熔岩山：歐提馬努山（Otemanu）與帕西亞山（Pahia）。從遠處看，兩座山彷彿就像童話故事裡的城堡。島的四周，有個相當有名的藍綠色潟湖，被一圈珊瑚礁島給「關」住，堡礁上還有像珍珠母一樣潔白的白沙，好不迷人。其實，島嶼本身就是顆珍寶，這裡不但有壯麗的珊瑚，還有多達 700 種的魚。

要到公元 900 年，玻里尼西亞人才首次乘著所謂提帕如亞船（tiparua，或作雙體舟〔double-canoe〕）來到此地。到了 19 世紀，這裡成為法國在大洋洲的殖民地。而一直要到 50 年前，波拉波拉島才開始有現代觀光產業——結果，一棟又一棟依據人們對度假勝地的想像所建的度假村，有如雨後春筍般出現。如今，島上最大的珊瑚礁島，是機場的所在地，而鄰近的幾個小島也幾乎都興建了豪華度假別墅。每一棟度假別墅都有大片空地供飛機甚至私人飛機停靠，「飛機度假村」因此在這裡蔚為流行。若有機會到此一遊，不管在海面上還是海面下，都能盡情享受海上風光與水上活動，例如跟無刺蝠（manta ray）一同優游，或在珊瑚礁附近餵食性情溫和的鯊魚。此外，波拉波拉島還散發著令人著迷的浪漫魔力，許多人選擇來此度蜜月甚至舉辦婚禮。想想看，當新郎、新娘點頭說出「我願意」的同時，一旁有玻里尼西亞人性感的舞蹈助興，以及用貝殼做成的傳統樂器的伴奏。夫復何求？

251 鋸齒狀的火山稜線，是波拉波拉島的典型風景，與潟湖裡的清澈水色形成強烈對比。這樣的自然美景，也為波拉波拉島贏得了「太平洋珍珠」的封號。

▶ 波拉波拉島

基本概況
- 國家：法屬玻里尼西亞社會群島
- 面積：29 平方公里
- 距離本土：距離澳洲布里斯本 5767 公里
- 人口：8880 人
- 首府：瓦伊塔佩（Vaitape）
- 氣候：熱帶氣候，潮溼，終年有信風吹拂，氣溫在攝氏 25 到 30 度間，4 月到 10 月為乾季
- 語言：法語、大溪地語
- 通行貨幣：太平洋法郎

252 從空中鳥瞰波拉波拉島，可以將島上的環礁盡收眼底。位在一圈珊瑚環礁的中央的兩座山峰，彷彿將空中飄過的雲朵給抱在懷裡。

252-253 海拔 727 公尺高的歐提馬努山，是波拉波拉島這個世外桃源最顯著的地標。這裡的環礁是先前某座大火山爆發後坍塌的遺跡。這一圈環礁像水壩一樣，由水面底下與水面上的堡礁包圍起一片海域，只剩下一個出口與外海相通。

來亞提亞島

法屬玻里尼西亞社會群島

根據先祖的傳說，這裡是「所有小島的發源地」，這一點我們一致同意！

佷大的塔普塔普亞提雅（Taputapuatea）神殿，曾一度是玻里尼西亞地區的宗教中心。這座神殿建於約公元 1000 年，位於奧普亞村（Opoa）附近，裡頭供奉的是玻里尼西亞人心目中的戰神暨海神歐羅（Oro）。這座廟宇由三層火山岩構成，四周有擬人式的原始雕像，從古至今，玻里尼西亞地區前來朝聖的人絡繹不絕，他們在此獻上象徵自己部落的盾牌形旗幟。

這個充滿神祕色彩的神殿，就位在來亞提亞島（Raiatea）——社會群島的第二大島（僅次於大溪地），同時也是社會群島背風面最主要的小島。傳說這裡是玻里尼西亞人的哈瓦伊（Havai'i）：太平洋所有小島的發源地。某種程度上，這樣說沒有錯；來亞提亞島就像是亞馬遜流域的縮影，在太平洋島嶼上看得到的種種景致，不管是典型的橘黃色沙灘或是其他多種景觀，在這裡都能見到（島上的法阿羅亞河〔Faaroa River〕是整個法屬玻里尼西亞地區唯一可航行的河流）。

此外，來亞提亞島也是個多丘陵的島嶼，其中最高的是海拔 1000 公尺高的泰法陶埃提山（Mount Tefatoaiti），再往北走還有著名的特瑪哈尼山（Mount Temehani）——相當於玻里尼西亞版的奧林帕斯山。這裡的航海人死後，靈魂會循著一條幽徑，先進入大溪地梔子花（Tiare Apetahi；這是種極稀有的花，也是玻里尼西亞的代表花）盛開的芳香森林，最後才上天堂或墮入地獄。不過，地獄這個概念在玻里尼西亞人的神話裡似乎並不存在，或許是因為這裡地靈人傑，只會將人心薰陶得純樸善良，所以他們不至於犯下會玷污自己靈魂、死後該被打入地獄的滔天大罪。這種純潔無暇、知足常樂（joie de vivre）的精神，在本島的中心烏圖羅阿（Uturoa）就可以清楚感受到——尤其在星期三和星期五，來自附近島嶼的農人會划著滿載蔬菜水果的單舷平衡體舟（outrigger canoe），到來亞提亞島兜售，這時最能發現他們的此種精神。塔哈島（Taha'a）是這附近另一個必訪景點；這個島跟來亞提亞島一樣，有珊瑚礁潟湖環繞，此外還是大溪地最主要的香草產地。玻里尼西亞人聞名於世的航海技術，似乎在來亞提亞島與塔哈島流傳了下來。每年 10 月底，將近 2000 名的賽舟好手會從世界各地前去參加夏威基島獨木舟競賽（Hawaiki Nui Va'a，這項比賽是以傳統的單舷平衡體舟來競速），兩座島的島民會在這場競賽中大放異彩。

254 青蔥而崎嶇的海岸是背風群島第一大島的典型風景。從烏圖羅阿望出去，可以看到分割來亞提亞島與塔哈島的運河。

254-255 來亞提亞島是社會群島的第二大島，面積僅次於大溪地。島上除了有著名的沙灘，還有許多值得一看的美景，例如海拔 1000 公尺高，有「玻里尼西亞的奧林帕斯山」之稱的特瑪哈尼山。

▶ 來亞提亞島

基本概況
- 國家：法屬玻里尼西亞社會群島
- 面積：168 平方公里
- 距離本土：距離澳洲布里斯本 5818 公里
- 人口：1 萬 2000 人
- 首府：烏圖羅阿
- 氣候：熱帶氣候，潮溼，終年有信風吹拂，氣溫在攝氏 25 到 30 度間，4 月到 10 月為乾季
- 語言：法語、大溪地語
- 通行貨幣：太平洋法郎

朗伊羅亞島

法屬玻里尼西亞土亞莫土群島

數以百計的珊瑚礁島，點綴在藍色的海水與細長的沙灘間

在今天的地球上，幾乎已經少有什麼地方能讓人真正感受到「夜色」了：在原始的黑暗裡，無數的星星在星河中閃閃發光，既明亮又靠近，彷彿伸手就能把它們撈進掌心，這時候，你大概才會知道什麼叫「浩瀚」。朗伊羅亞島就是這樣一個地方。「Rangiroa」這個名字，在玻里尼西亞的原住民語裡意思就是「浩瀚的穹蒼」。說來奇怪。想當初，這些玻里尼西亞人想必曾凝視著夜空，而且彷彿隱約已知道在許久以後、很遠的地方會冒出一座又一座的城市，用人造光遮蔽天空與夜色的美，那些人不會特別注意到朗伊羅亞這個地方——這座島有片廣大的環礁（也是南半球面積最大的環礁），環礁的邊界即是從島上望出去遠方的地平線。

講得更精確一點，朗伊羅亞島是一座周長 200 公里的橢圓形環礁，附近有 415 座小

珊瑚礁島——大溪地文是「motu」——零星分布。這座靜謐迷人的超大潟湖，是透過數以百計的「通道」（r'oa）與太平洋相通。只有少數人有福享受這個南太平洋上的自然恩賜——這些人主要是當地的原住民（約 2000 餘人，散居在此地唯二的兩座島上），另外還有一些慧眼獨具、為了一睹它風采不惜轉機好幾趟的旅行者。朗伊羅亞超凡脫俗的美、浪漫的氛圍和有趣的體育活動（包括潛水），是千言萬語難以說明的，讀者不妨透過書頁上的照片來體會。同樣地，我們也不難想像朗伊羅亞島的經濟主要是仰賴漁業、觀光和著名的黑珍珠養殖。出人意料之外（卻千真萬確）的是，這個島上還生產葡萄。1992 年，有個名叫多曼·多明尼克·歐華（Domaine Dominique Auroy）的法國人，接受了一項的挑戰：就是在阿瓦托魯島（Avatoru Island）一塊占地 8 公頃的土地上，把葡萄種在椰子樹與椰子樹之間。今天這座葡萄園每年會收成兩次，可生產 4 萬瓶「大溪地紅酒」（Vin de Tahiti），口味則包括納卡哈粉紅酒（Rosé Nacarat）、夢露甜白酒（Blanc Moelleux）和珊瑚白酒（Blanc de Corail）。其中，珊瑚白酒還有陳年佳釀（Millesimée）版，這款酒曾經在巴黎的國際美酒展上征服了多位品酒專家的味蕾。

256 周長 200 公里的朗伊羅亞島，它的環礁是南半球面積最大的。島上只有兩個村莊：阿瓦托魯和蒂普塔（Tiputa）。

256-257 藍潟湖是所有珊瑚礁島中最美麗的景致之一。而在全世界已形成的 450 座珊瑚礁島中，土亞莫土的環礁最引人入勝。要是有機會在黑汐弗海灘（Île Aux Recifs）和帕皮若角（Papiro Point）附近的水域浮潛，絕對讓人畢生難忘。

▶朗伊羅亞島

基本概況

- 國家：法屬玻里尼西亞土亞莫土群島
- 面積：79 平方公里
- 距離本土：距離澳洲 6238 公里
- 人口：2473 人
- 首府：阿瓦托魯
- 氣候：熱帶氣候，潮溼，終年有信風吹拂，全年溫度在攝氏 25 到 30 度之間，4 月到 10 月為乾季
- 語言：法語、大溪地語
- 通行貨幣：太平洋法郎

258　水面下最深處為 35 公尺的朗伊羅亞環礁，可說是一個「南太平洋樂園」的經典代表。在環礁與外海相通的「通道」間游泳，會令人覺得像進入了奇妙的隧道，旁邊還有無數的魚類優游。

258-259　遍地是高大椰子樹的朗伊羅亞島，看起來就像浮在游泳池上一樣。搭乘帆船或雙體船（catamaran）是在這裡能從事的水上活動中最普遍的。

法圖伊瓦島

法屬玻里尼西亞馬爾開西群島

一塊令高更迷戀不已、並促成海爾達得出驚人發現的土地

客貨兩用船阿拉努依 3 號（Aranui 3），除了船艙相對舒適，廚師手藝還不錯外，更重要的是，它可以帶給旅客畢生難忘的航海體驗。船上的休閒設施與服務，雖然比不上加勒比海上的豪華郵輪，卻可以帶給旅客回味無窮、老了之後值得講給孫子聽的難忘經歷。阿拉努依 3 號不但是馬爾開西群島與外界溝通的唯一橋樑，它會停靠的地方還包括幾個令名畫家高更（Gauguin）深深著迷的大小島嶼，以及某些最晚被人類發現的土地。

這艘船航行的終點是法圖伊瓦島（Fatu Hiva）：整個馬爾開西群島中最遺世獨立也最潮溼的地方。同樣地，稱這個地方為「伊甸園」一點都不誇張。除了電力與國際電話線外，這裡沒有一樣東西稱得上現代化，甚

至，在當地原住民（人數極少）所說的語言裡，找不到一個詞彙意指「工作」。在這裡，生活所需完全仰賴大自然。儘管島上只有兩座沙灘（而且沙灘上的沙全都是黑色的粗沙），這裡卻有高聳的山嶺與深峻的峽谷，而且植被茂密，還有像復活節島摩艾石像（moai）一樣、造型像極了人臉的玄武岩尖峰聳立其間（這在名為「Hana Vave」的處女灣附近就看得到）。

玻里尼西亞人的許多傳統也在法圖伊瓦島被保留了下來，例如刺青、用樹皮製造的塔帕布（tapa）；或是用特製椰子油莫諾依（monoi）、檀香木和大溪地梔子花編織成的巫姆蕙花環（umuhei），據說它具有催情效果。1937 年，挪威人類學家索爾·海爾達（Thor Heyerdahl）曾帶著妻子在此住了一段時間。儘管當時正在蜜月期，海爾達仍然不忘工作，不但訪談了許多當地的原住民，研究他們的體質特徵，最後還針對玻里尼西亞人的起源提出了一套自己的理論。根據這套理論，玻里尼西亞人的先祖是從祕魯沿岸飄洋過海來此定居的。一般認為，他當初之所以登上康提基號（Kon-Tiki）渡海展開冒險，就是為了證明這套理論。

260 這道彩虹下方，就是馬爾開西群島最南端：法圖伊瓦島的處女灣。傳奇的貨船阿拉努依號航程最後的終點站就是這裡。時至今日，這艘船仍保留了部分船艙供付費旅客搭乘。

260-261 在法圖伊瓦島，高聳的玄武岩峰和黑色的沙灘，與柔和的植物形成了強烈對比（島上盛產許多氣味芳香的花，例如當地人用來編織著名的玻里尼西亞花環的大溪地梔子花）。

法圖伊瓦島
▶

基本概況
- 國家：法屬玻里尼西亞馬爾開西群島
- 面積：85 平方公里
- 距離本土：距離墨西哥 5471 公里
- 人口：587 人
- 首府：奧莫亞（Omoa）
- 氣候：熱帶氣候，潮溼，氣溫最高攝氏 27 度，全年均有雨，
　　　　但 4 月到 10 月間雨量較少
- 語言：法語、馬爾開西語
- 通行貨幣：太平洋法郎

聖誕島

吉里巴斯赤道群島

只有奇蹟出現，才能阻止全球暖化造成的海平面上升淹沒聖誕島

探險家詹姆斯・庫克，是有史以來第一個踏上聖誕島的西方人，時間在 1777 年 12 月 24 日。他發現島上無人居住，雖然能見到一些原始人類聚落的遺跡，但他絲毫不感興趣。由於在海上航行了好幾個月，難得可以在堅硬的土地上走路，他決定在那裡待上幾天，最後還很沒有創意地將這個島命名為聖誕島（Christmas Island）。從此以後，這個與節日同名的島嶼就此誕生，儘管它的誕生沒有任何宗教意味（當地的密克羅尼西亞原住民都稱它作「Kiritimati」）。由於位在格林威治子午線以西、時差相差 14 小時的位置，這個島是全球每天最早被陽光親吻到的土地。

這個時間永遠「領先」世界其他地方的

島嶼，同時也是全世界最大的環礁。島上平坦、多風，環礁內有許多鹹水潟湖點綴其中；環礁外則是清澈無比的海水。此外，這個遺世獨立的天然伊甸園，還是成千上萬隻海鳥的棲地。島上有五座小村莊，分別叫作巴黎、倫敦（跟真正的巴黎和倫敦一樣，這兩地之間也隔著海洋）、波蘭、巴納納（Banana）和塔巴瓦基亞（Tabwakea），而且全都是歐洲人所建立的。19 世紀後半葉，有一群勇敢無畏的歐洲人遠渡重洋，來到此地採礦（主要是開採磷礦石及鳥糞石）、種植椰子，但最後都以破產收場，因此 20 世紀的聖誕島，大多時間都處在荒廢狀態。甚至在 1957 到 1962 年間，這個地方還先後被英國和美國政府選作核子武器試爆地。

還好，後來透過英國政府出錢補助，冷戰時期留下的遺跡得以清除，這裡的輻射濃度才逐漸恢復正常，再加上吉里巴斯共和國近幾年努力推行新移民政策，用釣魚觀光吸引新的遊客潮，聖誕島才再次重生。雖然要目睹全世界第一道日出，可能得付出高昂的代價，不過誰知道？以這樣的行程來度過下一個西曆新年，似乎也是個不錯的想法！

262 吉里巴斯共和國是由三個小群島所構成，其中之一就是聖誕島的所在地：赤道群島。由於時區較本初子午線快了 14 小時，所以這裡是地球上最早看見晨曦之處，時間永遠領先世界上其他地方。

262-263 全世界最大的環礁：聖誕島，西岸的土地與海洋交織成一幅美不勝收的織錦，但這裡也是全球最受海平面上升威脅的地區之一。

▶ 聖誕島

基本概況

- 國家：吉里巴斯
- 面積：360 平方公里
- 距離本土：距離澳洲 5316 公里
- 人口：3225 人
- 首府：倫敦
- 氣候：熱帶氣候，12 月到 2 月、6 月到 9 月為乾季，全年氣溫在攝氏 26 到 32 度之間
- 語言：英語、吉里巴斯語
- 通行貨幣：澳幣

基本概況
- **國家**：美國夏威夷
- **面積**：673 平方公里
- **距離本土**：距離加州海岸約 4125 公里
- **人口**：7400 人
- **首府**：考納卡開
- **氣候**：熱帶氣候，夏天容易受信風影響。但由於受山嶺阻擋，
  只有部分地區容易因此而降雨。
- **語言**：英語、夏威夷語
- **通行貨幣**：美元

 莫洛凱島

莫洛凱島

美國夏威夷

黑色的懸崖挺立於湛藍的海水上方，
為「美得令人屏息」這幾個字增添了更深刻的意義

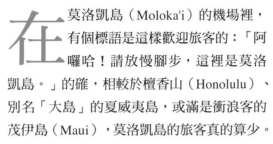

在莫洛凱島（Moloka'i）的機場裡，有個標語是這樣歡迎旅客的：「阿囉哈！請放慢腳步，這裡是莫洛凱島。」的確，相較於檀香山（Honolulu）、別名「大島」的夏威夷島，或滿是衝浪客的茂伊島（Maui），莫洛凱島的旅客真的算少。

在整個夏威夷群島中，莫洛凱島是比較不受觀光與全球化浪潮衝擊的地方，這裡的原住民不但人數較多（大約占全島人口的一半），其古老文化也比較能保存下來。畢竟，這裡是夏威夷祭師卡胡納（kahuna）長久以來的居住地，而且也一直是許多人心目中「真正的夏威夷」。的確，只要到島上幾個風景優美的景點走一走，你一定會聽到大自然那徐緩、凌駕於時間之上的不朽之歌。在距離本島中心考納卡開（Kaunakaka'i）不遠處，旅客可見識到兩個令人讚嘆的景點。首先，在帕拉奧州立公園（Palaau State Park），蓊鬱的森林裡，樹立著狀似陽具、據說能令女性受孕的考立歐納納豪瓦（Kauleonanahoa）石柱。另外，卡勞帕帕國家歷史公園（Kalaupapa National Historic Park）裡，有許多百年難得一見且令人嘆為觀止的崇山峻嶺，山的另一端還有海拔 1000 公尺高、由火山熔岩所構成的垂直峭壁——根據金氏世界紀錄，這座峭壁是全世界最高的，它垂直陡降到海中。

莫洛凱島最原始的地區，位在島的北部。狹窄的峽谷裡，長了不少罕見植物，例如目前已瀕臨絕種、該地區特有的羅露椰子樹（loulu）。為了保護大自然，這個島先後成立了卡瑪庫保護區（Kamakou Preserve）和莫瑪米沙丘保護區（Moomomi Dunes Preserve）。其中，卡瑪庫保護區是個長滿檀香木與蕨類植物的叢林；莫瑪米沙丘保護區內則有現今僅存、尚未遭外來種入侵的海濱植物，保護區就沿著島嶼西海岸延伸。夏威夷最長的沙灘，帕波哈庫沙灘（Papohaku beach）也位在這個地方，綿延了將近 6 公里。據說，夏威夷的呼拉舞女神拉卡（Laka），就是在這裡首次表演這種著名夏威夷舞蹈的。每年 5 月，島上居民都會群聚在這個沙灘上跳這種撩人的舞蹈來紀念拉卡女神。

264-265 考納卡開村是莫洛凱島最古老的聚落之一，位在島嶼北岸最平坦處。這地方最著名的景點之一，是一座從極高處陡降入海的懸崖峭壁。

265 距離島中心不遠處的莫洛凱旅館，客房是按照當地原住民的茅屋樣式打造。從旅館往外望，可看到卡密羅洛亞沙灘（Kamiloloa Beach）及夏威夷群島的唯一堡礁。

266-267 在莫洛凱島最北邊、卡哈庫洛阿 (Kahakuloa) 附近，高大的岬角就聳立在岩岸。

267 上 20 哩沙灘（twenty miles beach），是浮潛愛好者的聚集地之一。這個沙灘的長度，從它的名字不難看出。

267 下 這個島的內陸地區除了草木茂盛外，最明顯的特色就是丘陵地多。在島的東部，還有個不容錯過的景點，那就是又名大教堂山谷（Cathedral Valley）的哈拉瓦山谷（Halawa Valley），它為此地美麗而天然的景觀下了一個最佳註腳。

AUTHOR

JASMINA TRIFONI was born in 1966 and graduated with a degree in Political Sciences at the University of Padua. She is a journalist who specializes in the sphere of tourism. For 10 years she worked in the editing department of Meridiani. She now works as a freelance journalist and contributes to the major Italian magazines in the field. She is a traveler both by profession and by vocation and has gained considerable ethnic and cultural experience, particularly in India, Southeast Asia and the countries of the Middle East.

Together with Marco Cattaneo, she is the author of Afghanistan: le donne, la guerra, l'Islam (2001), published by Emergency, of the three-volume series devoted to the Unesco World Heritage List (The Treasures of Art, 2002, Nature Sanctuaries, 2003, and Ancient Civilizations, 2004) as well as of Great Cities of the World (2005), all published by White Star.

INDEX

PHOTO CREDITS

Cover
Bora Bora, French Polynesia. © Marcello Bertinetti/Archivio White Star

Backcover
left: Windmills in Mykonos, Greece. © Alfio Garozzo/Archivio White Star
right: A glimpse of the Sicilian coast. © Giulio Veggi/Archivio White Star

國家地理終極旅遊：
全球 80 個最夢幻的度假小島

作　　者：雅絲敏娜·特里夫尼
翻　　譯：楊布舒、許晉福
主　　編：黃正綱
責任編輯：許舒涵、蔡中凡
美術編輯：吳立新
行政編輯：秦郁涵

發 行 人：熊曉鴿
總 編 輯：李永適
印務經理：蔡佩欣
美術主任：吳思融
發行經理：張純鐘
發行主任：吳雅馨
行銷企畫：汪其馨、鍾依娟

出 版 者：大石國際文化有限公司
地　　址：台北市內湖區堤頂大道二段 181 號 3 樓
電　　話：(02) 8797-1758
傳　　真：(02) 8797-1756
印　　刷：群鋒企業有限公司

2016 年（民 105）5 月初版
定價：新臺幣 900 元
本書正體中文版由 Edizioni White Star s.r.l.
授權大石國際文化有限公司出版
版權所有，翻印必究
ISBN：978-986-92921-7-7（精裝）
＊ 本書如有破損、缺頁、裝訂錯誤，
請寄回本公司更換

總代理：大和書報圖書股份有限公司
地　　址：新北市新莊區五工五路 2 號
電　　話：(02) 8990-2588
傳　　真：(02) 2299-7900

國家地理學會是全球最大的非營利科學與教育組織之一。在 1888 年以「增進與普及地理知識」為宗旨成立的國家地理學會，致力於激勵大眾關心地球。國家地理透過各種雜誌、電視節目、影片、音樂、無線電臺、圖書、DVD、地圖、展覽、活動、教育出版課程、互動式多媒體，以及商品來呈現我們的世界。《國家地理》雜誌是學會的官方刊物，以英文版及其他 40 種國際語言版本發行，每月有 6000 萬讀者閱讀。國家地理頻道以 38 種語言，在全球 171 個國家進入 4 億 4000 萬個家庭。國家地理數位媒體每月有超過 2500 萬個訪客。國家地理贊助了超過 1 萬個科學研究、保育，和探險計畫，並支持一項以增進地理知識為目的的教育計畫。

國家圖書館出版品預行編目（CIP）資料

國家地理終極旅遊：
全球 80 個最夢幻的度假小島
雅絲敏娜·特里夫尼 (Jasmina Trifoni) 作；楊布舒、許晉福 翻譯.
-- 初版 . -- 臺北市：大石國際文化，民 105.05
272 頁；21.5 × 29 公分
譯自：80 islands to escape to...and live happily ever after
ISBN 978-986-92921-7-7（精裝）
1. 旅遊 2. 世界地理 3. 島嶼
719　　　　　　　　　　105005818